2009 年世界劳工报告
全球就业危机与后危机

国际劳工组织　编著
中国财政经济出版社　组织翻译

中国财政经济出版社

图书在版编目（CIP）数据

2009 年世界劳工报告：全球就业危机与后危机/国际劳工组织编著；中国财政经济出版社组织翻译．—北京：中国财政经济出版社，2011．2
书名原文：World of Work Report 2009：The Global Jobs Crisis and Beyond
ISBN 978 – 7 – 5095 – 2727 – 6

Ⅰ．①2…　Ⅱ．①国…　②中…　Ⅲ．①劳工经济 – 研究报告 – 世界 – 2009　②劳动就业 – 研究报告 – 世界 – 2009　Ⅳ．①F249．1

中国版本图书馆 CIP 数据核字(2011)第 009095 号

责任编辑：吴　敏　　　　责任校对：王　英
封面设计：文　通　　　　版式设计：李香杰

中国财政经济出版社出版
URL：http：//www. cfeph. cn
E – mail：cfeph @ cfeph. cn

社址：北京市海淀区阜成路甲 28 号　邮政编码：100142
发行处电话：88190406　财经书店电话：64033436
北京中兴印刷有限公司印刷　各地新华书店经销
880 × 1230 毫米　16 开　8 印张　170 000 字
2011 年 2 月第 1 版　2011 年 2 月北京第 1 次印刷
定价：25．00 元
ISBN 978 – 7 – 5095 – 2727 – 6/F · 2321
图字：01 – 2010 – 1937
（图书出现印装问题，本社负责调换）
本社质量投诉电话：010 – 88190744

国际劳工研究所于1960年由国际劳工组织创建，是一个在社会和劳工领域开展深入研究的独立机构。

《2009年世界劳工报告》的编写人员

该报告由国际劳工研究所的人员撰写，该研究所所长负责出版事宜。各章节的作者如下：

- 编者按：Raymond Torres
- Steven Tobin、Verónica Escudero和Emily McGirr（第一章），撰稿人包括：
  - Uma Rani（第二节之中的社会保障部分）
  - Matthieu Charpe（第三章第一节）
  - Marva Corley – Coulibaly和Naren Prasad（第三章第二节）
- Sameer Khatiwada和Raymond Torres（第二章）
- Franz Ebert和Anne Posthuma（第三章）
- Juana P. Bustamante、Matthieu Charpe和Raymond Torres（第四章）

本研究所所长Raymond Torres负责本报告的编辑和协调工作。Ekkehard Ernst为各章节提供了宝贵意见和建议。Judy Raferty是本项目的研究助理。

编者按

Raymond Torres
国际劳工研究所所长

各国刺激措施带动全球经济摆脱金融危机开始反弹……

目前，全球经济呈现出喜人的复苏迹象。国际货币基金组织（IMF）预计，2010年全球经济增长率将超过3%，其中巴西、中国和印度将引领此轮经济复苏势头。此外，报告显示，失业状况并不像根据此前几次经济危机所预测的那么严重。相反，在危机爆发后各国政府所实施的刺激措施的带动下，全球可能已避免了再次发生“大萧条”的可能性。

……然而，就业危机远未结束……

尽管取得了如此重大的成就，但全球就业危机并未结束，如果不采取有力的措施，这种状况甚至有可能进一步恶化。

首先，就业危机的规模远大于失业数据所显示的程度。正如本报告第一章所指出的，自2008年10月金融危机爆发以来，在全球能够提供相关数据的51个国家中，至少又新增2000万失业人口。不过，失业仅仅是就业危机的一个方面：目前还有大约500万工作者处于失业威胁之中。尽管市场需求和产量急剧走低，但企业在政府的资助下保留了数百万个就业岗位。这些工作者目前的工时缩短，处于半失业或被动兼职工作状态。如果这些企业破产、政府不再施以援手，或者经济复苏势头不够强劲，这些工作者就将面临失业。

鉴于岗位保留以及雇佣决定的通常滞后效应，经济复苏的最初阶段将难以创造大量的就业机会。在人均GDP较高的国家中，就业状况在2013年以前将难以恢复至金融危机前的水平。在新兴和发展中国家，就业水平可能从2010年开始复苏，但在2011年前仍无法达到危机前的水平。

其二，也是更为重要的一点，就业危机将对社会经济发展产生长期的负面影响。本报告估算，目前全球有接近4300万工作者面临被排除在劳动力市场之外的风险，这是因为如果未实施合理的就业支持计划，或者现有的计划逐步退出，这些工作者就将转为长期失业状态或者彻底退出劳动力市场。此前几次危机的经验表明，对于那些技能较低、年龄较大的工作者以及外来务工者而言，这种风险将尤为突出。另一方面，包括青年和妇女在内的新进入劳动力市场的人员将很难寻找到就业机会。目前已有相关数据显示，未进入劳动力市场的适龄工作人口比例已开始增长。发展中国家失去了很多高质量的就业机会，受此影响，工作者可能会转向非正规经济部门。

对于这些失业的工作者及其家庭来说，社会保障体系的缺乏将使其生活更为艰难。在这些能够提供相关数据的国家中，2/3 没有失业救济金。仅有 1/3 的发展中国家向非正规部门的工作者和自雇工作者提供某种形式的社会保障。在世界各地，人们对就业状况不稳定的看法都在增长之中。

……危及经济复苏。

人们对长期失业率增加的预期还将削弱其信心，从而影响到消费和投资决定。这将对经济复苏本身造成严重的威胁。与此同时，人们对就业状况不稳定的看法将对工资水平带来更大的下跌压力，从而进一步加剧总需求下降的风险。

总之，只要就业危机继续存在，经济复苏将仍处于不稳定和不完全状态。

因此，政府刺激措施的过早退出只会产生反作用，并给公共预算造成长期昂贵的代价……

因此，必须避免刺激措施的过早或错误退出。目前，公共债务大幅增加，这反映了政府对现有的金融体系所采取的救助计划以及财政刺激措施。因此，各国政府和社会合作伙伴面临着双重挑战，即在避免财政目标的恶化及不可持续的同时必须应对就业危机。不过，本报告表明，错误地削减公共支出可能对现有的众多就业岗位造成不利影响，这些就业岗位由于此前的财政刺激措施得以保留，但目前仍处于威胁之中。所以，刺激措施的提前退出可能延缓就业复苏步伐，加剧工作者长期失业、被排除在劳动力市场之外和非正规就业的风险。

更为重要的是，过去的经济危机已证实，让失业人员重新实现有效就业不仅非常困难，并且给公共财政造成极其昂贵的代价。目前即采取预防措施从长期来看将具有较高的成本效益。为强化与就业相关的措施所必需投入的支出可能短期内导致公共赤字的增加，不过此类政策将有效地满足企业和工作者，即实体经济的需求。事实上，从中期来看，就业机会的增加导致经济活动的增长，可能使公共债务恢复至危机前的水平。

……彰显出首先采取《全球就业公约》中所强调的、持续的、以就业为导向的刺激措施的必要性，以促进经济的复苏……

本报告表明，与提前退出刺激措施相比，继续采取财政刺激措施，并根据国际劳工组织《全球就业公约》中所建议的那样更好地应对就业问题，可能将就业率提高 7%。此外，尽管这样做在短期内可能增加公共支出，但从中期来看，就业和经济产值的潜在增长可能使公共债务恢复至危机前的水平。

有证据表明，各国围绕国际劳工组织《全球就业公约》的基本原则采取了有效的措施。比如，澳大利亚、巴西、德国、约旦和韩国等按照《全球就业公约》成功实施了各种措施，包括：（1）从就业、社会保障和技能方面对危机做出响应；（2）避免采取使工资水平不断下降或者劳工标准日益下降的负面措施；（3）发挥社会对话的潜力，以改善危机应对措施的制定及其社会认可度。更为重要的是，绝大多数国家有针对性地采取了快速行动，这也是这些措施成本效益较高的原因。

……其次，必须实施金融体系的改革，确保经济复苏的可持续性。

如果危机的根本原因未得到解决，以就业为导向的危机应对措施的有效性就将受到限制。在金融危机最先爆发的国家中，政府对金融机构的援助计划已达到了前所未有的水平，而这笔庞大的支出也将由纳税人和失业者埋单。因此，必须确保制止那些直接导致金融危机爆发的金融市场的违规做法以及不负责任的冒险行为，这一点至关重要。

要完成这一任务非常不易。目前，金融行业的发展已超越了合理的范围，而且其操作惯例已经影响到非金融行业（参见第二章）。长期以来，人们一直主张企业在当今获取的利润应成为未来的投资并为今后创造更多的就业机会，但现实状况并非如此。

事实上，很大一部分利润增长都归向了金融行业。在本次危机爆发前，金融行业的利润在全部企业利润中所占的比重达到了42%，大大超过了20世纪80年代初大约25%的水平。非金融行业的企业利润更多地用于支付红利，而非投资于实体经济之中。在21世纪的前十年间，发达国家非金融企业的利润只有不到40%用来投资于实体经济，较20世纪80年代初的水平下降了八个百分点。

企业必须不断提高和改善金融回报率。一直以来，这种压力的存在对实体经济中工作者的工资水平和就业稳定性产生了不利影响。全球范围内工资占GDP的比重下降的状况，在那些高风险金融活动更为普遍的国家中更加显著。

然而，正如本报告中所指出的，令人遗憾的是，金融改革迟迟未能兑现。事实上，金融行业确实采取了一些措施，通过实施行为规范和其他不具有约束力的计划来改进其做法。在部分国家，人们担心新的管制可能使金融行业转向其他领域。人们普遍认为，如果不尽快采取行动，金融市场仍将一切照旧。在金融行业状况未得到改观的前提下，触发金融危机的那些做法在经济复苏开始后很快又将卷土重来。这将使得本来脆弱的就业环境更为恶化，从而增加未来再度发生危机的风险。

应该将本次危机作为契机，促进全球化的公平性……

《全球就业公约》除了制定促进全球经济尽快复苏的政策外，还确定了一个构建公平且可持续的全球化的发展框架。去年发布的《世界劳工报告》指出，在提供数据的国家中，2/3的国家收入不平等的现象进一步加剧。这也是导致金融危机爆发的一个主要推动因素：低收入家庭在面临相对收入可能停滞不前以及不负责任的借贷行为的背景下，为获得其投资计划的资金，越来越多地求助于借贷。

本报告首先分析了现有的国际贸易协议是如何来应对社会问题的（参见第三章）。分析结果认为，自2005年以来达成的双边或地区贸易协议中，

30%以上的贸易协议涵盖了劳工条款，而1995年仅有4个此类协议。我们必须开展深入的研究，以分析此类劳工条款对于实现更加公平的全球化进程是否有效。

……以及环境的可持续发展。

投资环境保护领域是创造更多就业机会的一个潜在方式。如果（按照接近国际社会建议的水平）对二氧化碳排放征税，并且利用这些收入来降低劳工税，预计到2014年前全球就业率就将增加0.5%，相当于全球净增加1430万个就业机会（参见第四章）。不过，这些就业机会不会“从天而降”！事实上，目前接近38%的就业岗位来自于高碳密集型行业。因此，必须实施有助于劳动力市场转型和提高工作者技能的援助计划，以便实现新增就业机会的目标。在实施体面工作政策的同时，必须实施绿色政策。

采取措施解决引起危机的各种更加深层次的问题，将有助于促进全球经济可持续性和公平性目标的实现。

目　录

图、表、专栏

图

第一章

表

第二章

第三章

第四章

专栏

第一章

第二章

第三章

第四章

第一章
全球就业危机：格局与中期情形 *

主要研究成果

- 最近全球 GDP 与股票市场的复苏并不能掩盖全球就业危机并未结束的事实。自全球金融危机爆发以来，共有超过 2000 万人失业。但这些数字尚不足以反映危机的真正规模。
- 首先，数百万个工作职位正岌岌可危。许多企业与工作者采取缩短工作时间的方法。迄今为止，该方法大大缓解了危机的影响。然而，这种缩短工作时间的措施是否能够长时期维持下去，结论尚不明确。如果停止实施这种措施（很多情况下是由政府支持实施）的话，按照之前的危机时期 GDP 与就业之间的关系，预计至少另有 500 万个工作岗位将不保。
- 其次，除非采取充分的措施，否则近 4300 名失业者与新工作者将退出劳动力市场或进入长期失业状态，这将加剧社会动荡并降低未来发展潜力：
  - 发展中国家的早期经验表明，更高水平的非正式就业情形在危机之后仍将继续。
  - 在发达国家，甚至在失业率开始下降时，长期失业时间也往往会继续攀升。20 世纪 90 年代早期，欧盟 15 国中处于黄金年龄的工作者其长期失业率的增长超过了八个百分点，并且多年居高不下。
  - 许多在谋职路上困难重重的求职者，最终将会彻底退出劳动力市场。这在之前已经早有征兆——自 2009 年开始，甚至一些人均GDP 很高的国家的总体劳动人口参与率都在下降。亚洲金融危机之后，下降后的适龄工作者参与率从未恢复到危机前水平。

* 特别感谢 Dawn Gearhart 与 Nadeeka Wataliyadda 出色的研究协助工作。

- 其三，社会保障制度对支持危机中无辜受害者的收入而言至关重要，但各国的社会保障制度却差距巨大。在可获取数据的国家之中，2/3 的国家没有失业救济金。即便在具备失业救济制度的国家，能获得救济的失业者的数量也很有限。此外，大多数国家的社会保障福利只对正式工薪工作者发放，只有 1/3 的发展中国家对非正式部门工作者或自雇工作者提供相关福利。真正能够获取社会保障的工作者数量甚至更低。例如，虽然拉丁美洲的法律规定应保障非正式工薪工作者，但实际上只有 20% 的工作者能够得到有效保障。

- 综上，之前危机的经验表明，高人均 GDP 国家的就业形势在 2013 年之前将无法恢复到危机前水平，而就业率（就业人数与适龄工作人口数量的比例）在 2014 年之前无法恢复到危机前水平。在新兴及发展中国家，就业形势将于 2010 年末开始好转，但就业率在短期内将无法恢复。这些趋势都将造成工资进一步下滑的压力，并加剧消费低迷的风险，同时使经济复苏变得脆弱。然而，如果政府继续推行《全球就业协议》，则将加快就业复苏，降低长期失业的风险，同时减少非正规就业。本章指出，与财政刺激政策提早退出相比，继续实施财政刺激政策，如果可能的话，进一步加大就业扶持力度，则将使失业减少 7%。短期来看，财政支出将增加公共债务，但从中期来看，债务将回到危机前水平，而同时也能通过创造就业使得经济恢复增长。

- 显然，《全球就业协议》的原则将重点放在就业方面以及建立社会保障体系方面，然而该原则现已在协助指导政府行动。根据这些原则而实施的一些措施不仅有助于减轻就业危机和社会危机的程度，而且还有助于加速经济复苏的进程。这些措施包括：

  - 依靠工作轮班制以限制失业人数（如韩国），完善现有制度以减少工作时间，实施工作轮班制以及实现部分失业工作者的福利（如德国）。

  - 对目标群体增加社会资助（如澳大利亚），对诸如失业福利、有条件现金转移以及提高最低工资等社会资助机制加以完善（如巴西）以帮助其维持家庭开支并拉动国内私人消费。

  - 除对失业人口中的贫困家庭与弱势群体增加资助外，还持续致力于推行普遍性社会保障制度（如约旦）。

- 这些措施发挥着重要作用，但仅有这些措施并不足以保证经济的可持续性复苏。的确，《全球就业协议》的原则与目标远远超出了旨在刺激经济快速复苏的政策。而同时解决危机的根源也很必要——接下来的三章将对这个问题进行讨论。

引 言

2009年席卷全球的经济危机是自20世纪30年代大萧条时期以来最严重的一次，这次危机对全球就业造成了极大的影响。为稳定金融市场及复兴经济，世界各国采取了前所未有的政策应对危机，经济发展也出现了令人鼓舞的反弹迹象。然而，如果就业形势不能以可持续方式得以改善的话，经济复苏将无法实现。

之前危机的经验表明，劳动力市场往往要在经济复苏很长时间之后才能得到恢复。而危机对就业质量的影响通常更为深远。之前经济危机过后，工资水平长时间走低，非正规就业增加，许多小型企业倒闭。这些趋势表明，危机将重创许多工作者的事业前景，在某些情形下这种重创是永久性的。此外，危机过后的劳动力市场的特点通常是长期失业，并且脱离劳动力市场的发生率也很高。这些趋势不仅将影响许多工作者及其家庭的幸福，还将影响长期发展的前景。因此，立即采取行动以降低这些普遍的对劳动力市场与社会的影响是极为重要的。

本章目的在于：（1）阐明就业危机的性质与深度（第一节）；（2）预测未来几年的就业恢复前景，包括对现有社会保障措施充分保障程度的分析（第二节）；（3）阐述在《全球就业协议》激励下实施的制度将如何有助于改善就业前景（第三节）。最后一节还简要介绍了第二章至第四章的内容，这三章将讨论如何为实现世界经济的长期发展做好准备。

第一节　对劳动力与社会的直接影响

本节分析了当前经济危机对全球就业影响的深度与强度。通过分析危机爆发后的失业状况、不断变化的就业模式以及劳动力市场配套情况等，本节将探讨劳动力市场的变化。

危机爆发后，共有2000多万人失业……

2007年，危机爆发之前，就业快速增长的势头开始放缓，至2008年，世界各地的就业增长都处在减速状态。最终，情形不断恶化并演变成严重失业状态。人均GDP较高的国家自2008年第四季度以来，失业人数达到1000多万人（见图1.1）。[1]而对于包括英国与美国在内的多个国家而言，失业发生的时间甚至更早（首当其冲的就是金融业）。[2]

新兴与发展中经济体（中低人均GDP）也正面临许多同样的挑战，但各国所受到影响的性质也大相径庭。在能够获取数据的国家当中，迄今为止就业岗位流失预计超过1000万，其中近900万个岗位是在2009年第一季度失去的（其中巴西、中国、俄罗斯联邦与南非的岗位流失数字占这一总数

1　关于依据人均GDP水平对各国进行分组情况，请参见图1.1的注。

2　参见V. Escudero：《危机对金融业的影响：发展趋势与政策问题》（日内瓦，ILO，2009年）。

图 1.1　所选国家在危机后的失业人数

（百万，按国家排列）

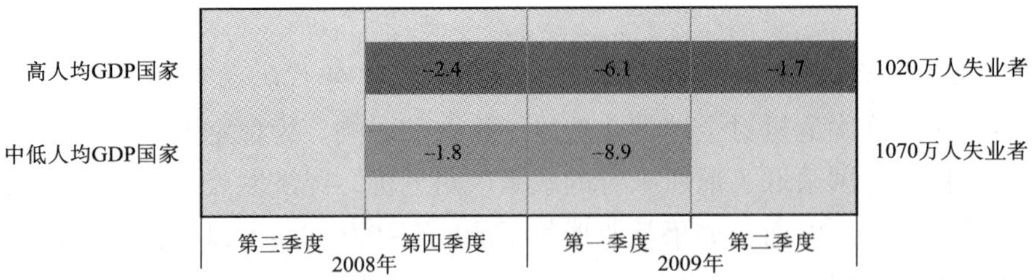

注：本图中失业人数表示为净就业创造人数，即图中数据表明就业的净变化数据。高人均 GDP 国家包括澳大利亚、加拿大、日本、韩国、美国及欧盟 15 国。中低人均 GDP 国家包括阿根廷、巴西、智利、中国、哥伦比亚、厄瓜多尔、埃及、牙买加、毛里求斯、墨西哥、摩洛哥、其他欧盟国家、秘鲁、菲律宾、俄罗斯联邦、南非、斯里兰卡、泰国、土耳其、委内瑞拉。

资料来源：国际劳工问题研究所（IILS）基于经济合作与发展组织（OECD）估算出的数据，2009c；国际劳工组织劳动统计数据库，劳动力调查数据或其他数据来源（阿根廷、巴西、中国、墨西哥、土耳其及其他中低人均 GDP 国家）以及国际货币基金组织的国际金融统计数据库（俄罗斯联邦）。

的一半以上）。土耳其的就业形势也受到严重影响，该国在 2008 年第三季度到 2009 年第一季度期间就业人口下降了 200 多万，这是由于私人资本流入的减少对具有大额经常项目逆差且从国外获取贷款的能力有限的国家影响巨大。2009 年第二季度，新兴与发展中经济体的就业岗位流失变缓，一些国家表现出积极的就业恢复增长的趋势，同时其他国家仍继续面临工作岗位流失问题。

……得益于企业所采取的劳动力保留措施，就业岗位流失有限……

然而，工作岗位流失仅仅反映了全球就业危机的一个部分，并不全面。在一定程度上，缩短工作时间以及其他一些就业岗位保留措施缓解了就业岗位流失水平。这些措施降低了通常由就业岗位流失导致的社会成本，同时也使公司得以避免解雇与重新雇佣的额外费用。

事实上，大部分发达国家（能获取数据的国家）自危机开始后，工作小时数就开始大幅下降——平均下降了 2.2%（见图 1.2）。所分析的 37 个国家（除其中一个国家外）在这段期间工作小时数均出现下滑。这与 2007 至 2008 年间工作小时数的增长情况形成鲜明对比。

自危机来袭之后，许多国家工作时间缩短的情形演变成为非全日制就业发生率提高的情形（见图 1.3）。例如，在爱沙尼亚，2009 年非全日制就业上升了 5%，达到 12%。非全日制就业发生率的上升在不同程度上有助于抵消就业流失并因此刺激了整体需求。如，在加拿大，在 2009 年第一、二季度共新增 43000 个非全日制工作岗位（相比之下，全日制工作岗位共流失 105000 个）。然而，有必要予以重视的是，工作小时的减少可能并不必然导致非全日制就业人口的增加，如工作者可以在不改变工作性质的情况下，将工作时间从 37 小时缩短为 33 小时，或从 25 小时降低到 23 小时。

在一些国家，政府通过采取向部分失业者发放补贴的政策来支持缩短工作时间的举措。[1]例如，法国、德国和荷兰就采取了这种措施，以期在短期内

1　请参阅第三节。该节对于一些国家通过采取对非全日制工作人员调整工资及发放补贴等措施，以期限制就业损失的努力进行了探讨。

图 1.2　每位受雇者平均工作小时数的变化

（按百分比计，2008 年第二季度至 2009 年第二季度）

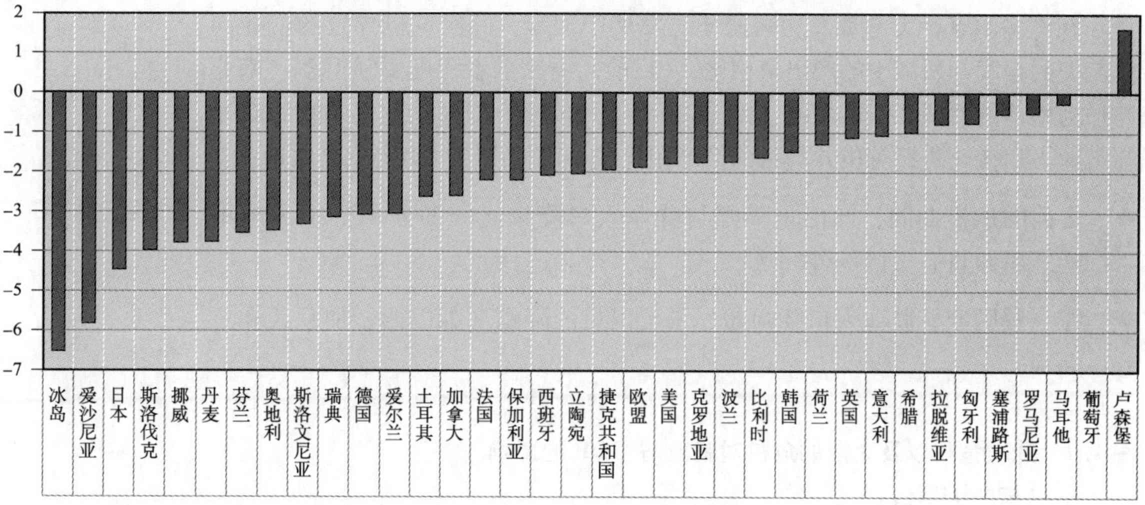

注：澳大利亚、加拿大、德国、西班牙、美国的数据是 2008 年第三季度至 2009 年第三季度期间的变化数据。

资料来源：国际劳工问题研究所基于国家统计部门估算出的数据；欧盟统计局数据库及经济合作与发展组织，2009c。

图 1.3　所选国家的总就业人口中非全日制就业发生率的变化

（百分比，2008 年第二季度至 2009 年第二季度）

注：括号内数据表明 2009 年第二季度的非全日制就业发生率。

资料来源：国际劳工问题研究所基于国家统计部门和欧盟统计局数据库估算出的数据。

防止出现额外的就业岗位流失并期望可以刺激经济在不久的将来复苏。其他政策包括调整工资，韩国就采取了该措施（见第三节及附录 A）。当然，需要考虑的另一重要事项是缓解经济冲击产生的影响以及降低对劳动力市场造成的即时负面影响的能力，如失业人数的急剧增长（即将发布的国际劳工问题研究所与德国劳动研究所的合著分析论文将对此问题展开讨论）。

……就业人口减少的幅度普遍比 GDP 降幅小很多的原因。

在许多国家，无论是发达国家还是发展中国家，此次危机导致的就业岗位流失的程度与所减少的产出量相比，（目前）看来前者程度要轻得多（南非与作为整体的欧盟 27 国除外，请见图 1.4）。事实上，对过去危机期间的 GDP 与就业人口变化进行分析并与目前情形相比较，可得出下列多个重要结论：

- 之前的危机期间，产出量降幅与就业人口降幅之间的差距更小（阿根廷、墨西哥、美国除外）；
- 在一些国家，就业人口降幅超过了产出量的降幅（如巴西、加拿大和意大利）。

图 1.4　此次危机以及之前的危机对就业与 GDP 的影响

（按百分比计）

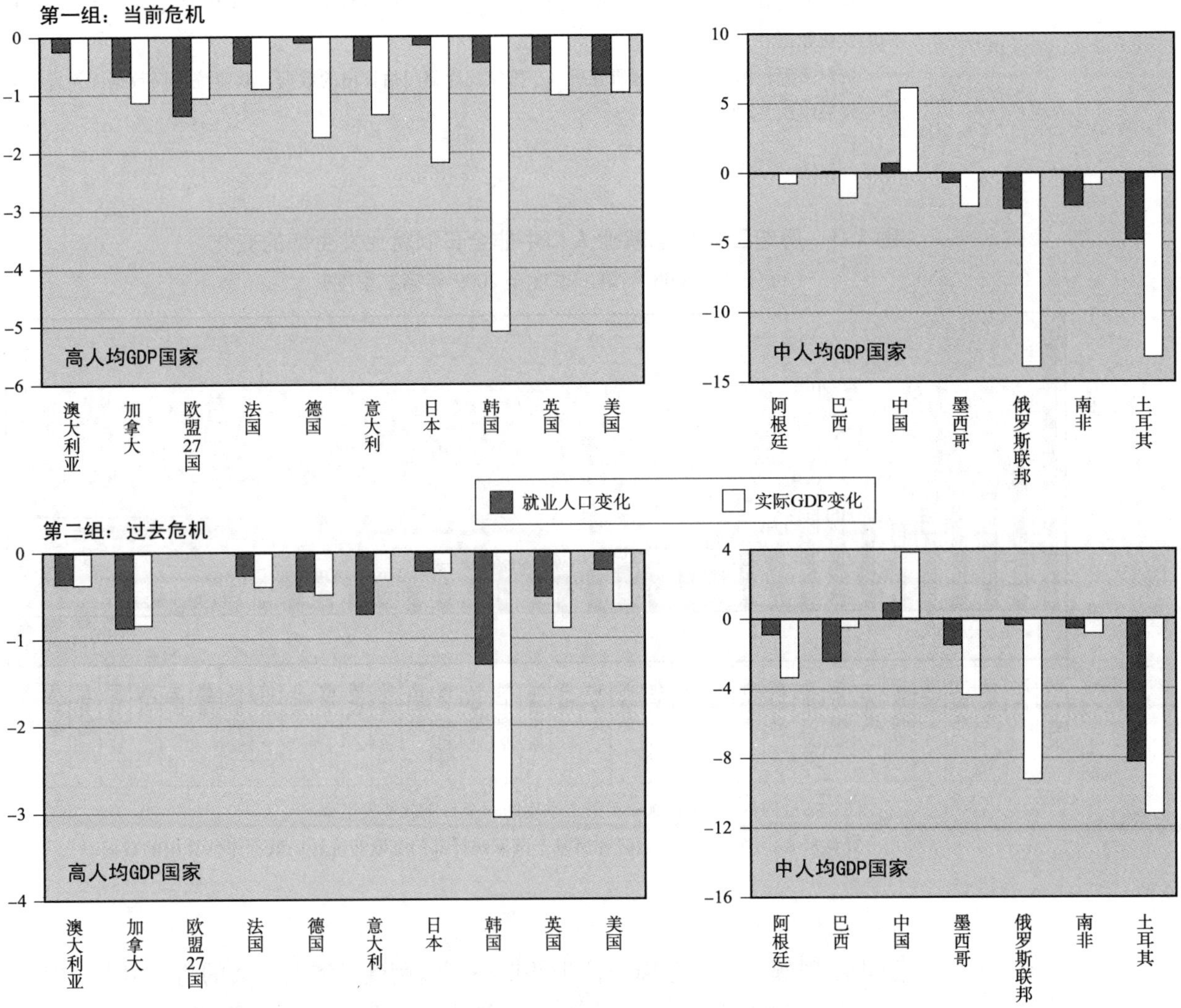

注：过去危机是指基于 Laeven 和 Valencia（2008）研究的各个国家所经历的据此时间最近的危机。GDP 与就业人口的变化是按照从峰值到低谷（本次危机还未到达低谷，所采用的是能够获取的最新数据）计算得出的综合季度变化。对阿根廷、巴西、中国而言，当前危机对应的不是 GDP 和就业人口的季度低谷而是年度变化，以便有利于与过去的危机作比较，因为只能获取这些国家的年度数据（为此，也不应将这些国家与其他国家作比较分析）。鉴于欧盟 27 国作为一个整体并未经历前次危机，因此没有欧盟 27 国过去危机的数据。

资料来源：国际劳工问题研究所基于欧盟统计局数据库得出的估算数据；国际货币基金组织的国际金融统计数据库；国家统计信息源；经济合作与发展组织，2009c；国际劳工组织的劳动力统计数据库。

但劳动力保留也意味着数百万个岗位处于流失的危险之中……

就业人口降幅低于 GDP 降幅，这有助于缓解当前的就业危机，但工作岗位的保留是否能够长期持续，这也是一个问题。在经济复苏预计将进展缓慢的情形下，当前保留的工作的工作者仍面临失业的风险，因此，全球就业危机可能会在短期内恶化。[1]实际上，如果就业人口与 GDP 的关系与之前危机期间的情形（如上所述）相似的话，目前具有流失危险的工作数量达到 500 万个。随着公司与政府预算越来越紧，同时部分福利政策与类似的措施被取消或收回，那么工作流失的危险程度将非常高。这可能使原本预计将比之前经济衰退期恢复更缓慢的劳动力市场的复苏时间更长（关于就业水平与就业率前景，请见第二节）。

上述分析同时表明，劳动力市场的复苏非常依赖于公司启动招聘流程的速度。如果公司首先选择依靠既有资源，即公司依赖于增加现有雇员的工作时间并因此延缓招聘流程，这将恶化弱势群体的就业前景。弱势群体包括刚参加工作的工作者与失业者。

……同时，求职者谋职的时间很可能更长。

即使就业机会越来越少，一些求职者也别无选择只能继续谋求职位。因此，当危机时期延长时，长期失业的风险也将提高。在前次经济衰退时期，谋职时间超过一年甚至更长时间但仍在谋求工作的失业者的比例继续增长，大多数情形下该比例都无法恢复到危机前水平（见图 1.5）。20 世纪早期，欧盟 15 国黄金年龄（25—54 岁）工作者长期失业率增长超过八个百分点，达到 50% 多。在 2001 年经济衰退期，失业率在开始再次增长之前并没有降至 1991 年时的水平，尽管此次失业率增长更缓慢并且持续时间更短。对于欧盟 15 国的年长工作者（55 岁及以上的工作者）而言，很明显此次危机也会出现同样的趋势，但失业情形将更严重，持续时间更长且失业率高得多。在经济合作与发展组织的其他国家也出现了类似的趋势，即 20 世纪 90 年代的失业情形与 2001 年相比更为严峻，对年长工作者的影响的强度与长度均更为严重，并且年长工作者与黄金年龄工作者的长期失业发生率都尚未恢复到 90 年代初期的水平。如果本次经济危机长期失业人数的增长达到与 90 年代类似的情形，那么到 2012 年，长期失业人口可能会增加近 600 万人。

由于许多求职者退出劳动力市场或者变得失去信心，社会艰难程度正在加剧……

由于求职者在求职过程中经历的困难不断增加，他们离开劳动力市场的可能性大幅度上升。在某些国家，已经有迹象表明总劳动力参与率正在下滑。现有数据显示自 2009 年初以来，经济合作与发展组织大部分国家的劳动力参与率业已下降（澳大利亚、法国、意大利、日本和卢森堡除外）（请见图 1.6）。在其他国家，如加拿大、爱尔兰、瑞典和美国，总劳动力参与

---

1 在加拿大，仅 2009 年 10 月非全日制工作数量就减少了 6 万，并抵消了此前两个月的收入。

图 1.5　之前各个经济衰退期欧盟 15 国以及经济合作与发展组织其他国家长期失业人口的水平及变化

（以占总失业人口百分比计）

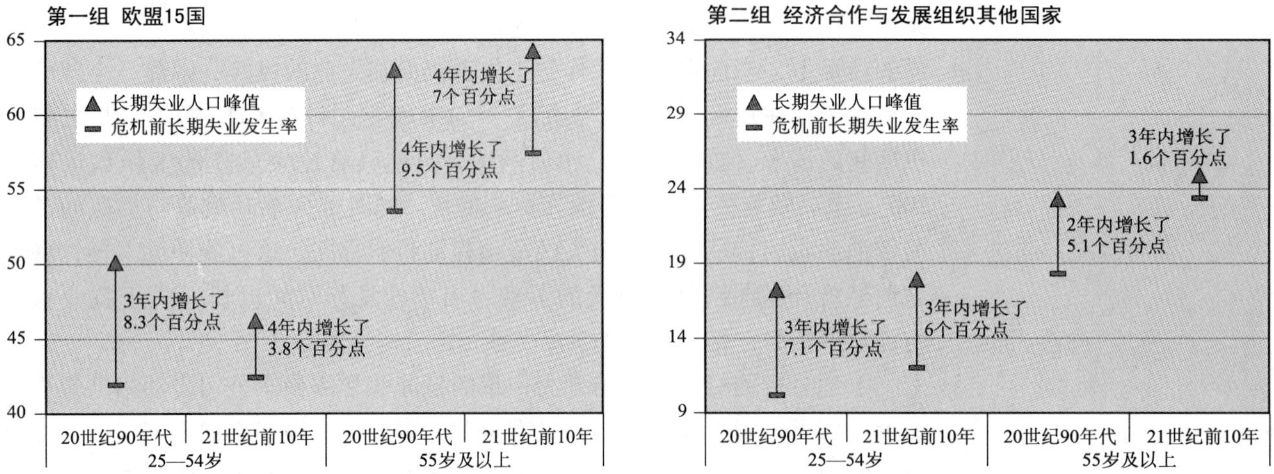

注：长期失业人口是指总失业人口的总失业时间持续一年或更长时间的人口。经济合作与发展组织其他国家包括澳大利亚、加拿大、日本、韩国、新西兰、挪威和美国。

资料来源：国际劳工问题研究所基于经济合作与发展组织劳动力统计数据得出的估算数据。

率甚至在更早的时候，即 2008 年年初至年中期间，就开始下滑。如果在 2009 年至 2012 年期间高人均 GDP 国家的参与率即使仅下跌了 0.4 个百分点，那么不从事经济活动的人口将增加 1200 万以上。

这些趋势对弱势群体，如年长工作者或年青工作者，通常会造成普遍影响。[1]对年青工作者而言，英美两国早已出现了劳动力市场活动下降的迹象。这两个国家的年青工作者参与率从 2008 年到 2009 年已经分别下降了大约两个和四个百分点。除非这些参与率的下降正好与学校入学率的增加相吻合，否则劳动人口的持续减少可能长期危害年青工作者的就业前景，并且将导致在经济活动回升时劳动力供需的不协调。

在多数情况下，虽然人们还有工作的渴望，但已经变得失去信心。[2] 美国早在 2007 年 12 月就已出就业岗位流失现象，人们信心丧失的迹象十分明显：2009 年 10 月，80 万美国工作人口被认为对就业失去信心。[3]这个数字比一年前翻了近一倍，并且与 2001 年底发生的最近一次经济衰退相比，增加了约 25 万（2004 年怯志工作者数量为 53 万）。令人担忧的是，怯志工作者数量还将继续上升，如同美国 2001 年经济衰退后，怯志工作者数量连续

1　在 1991 年至 1992 年衰退期间，55 岁至 64 岁之间的男性不从事经济活动的普遍影响非常严重。从经济衰退一开始，男性年长工作者的参与率就开始下滑，接踵而至的低谷在经合组织国家持续了十多年。

2　“怯志”工作者定义为不属于劳动人口，并且出于各种原因认为没有工作机会但又想工作的人（国际劳工组织，2003 年）。

3　这些人上一次谋职时间发生在人口现状调查（CPS）之前数周或数月内。怯志工作者在调查之前 12 月内求过职，但他们在过去四周内没有求职。劳动人口特征，术语，2009 年信息更新：http://www.bls.gov/cps/lfcharacteristics.htm#discouraged。

图 1.6　劳动力参与率的百分比变化，所选择的部分经济合作与发展组织国家，2008 年第三季度至 2009 年第四季度

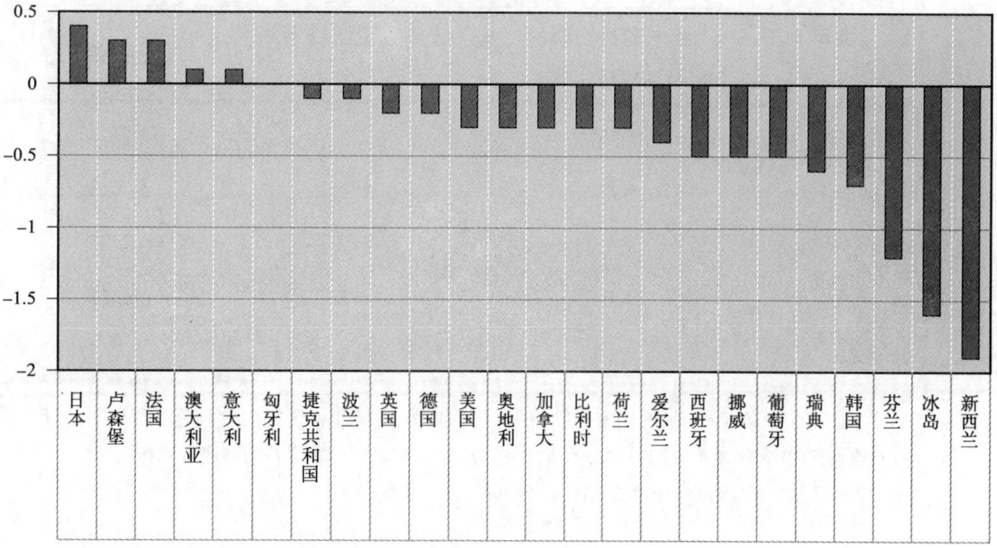

注：劳动力参与率定义为劳动人口（15 岁及以上）除以总适龄工作人口（16—64 岁）得出的数值。2009 年第三季度数据为根据 2009 年 6 月数据得出的预测数据。

资料来源：基于经济合作与发展组织，2009b。

图 1.7　所选国家的怯志工作者数量，2008 年第二季度至 2009 年第二季度

（以 2008 年第二季度的数据为 100）

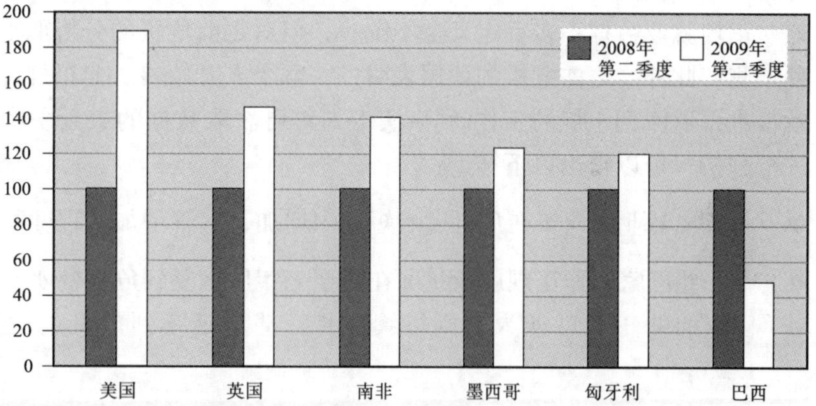

注：匈牙利和美国的数据没有进行季节性调整。本图并不旨在国家之间进行比较，因为不同国家使用的定义不同。

资料来源：国际劳工问题研究所基于国家统计部门数据得出的估算数据。

四年上升一样。根据类似的现有数据，其他国家（如墨西哥、匈牙利、南非和英国）也呈现出类似的上升趋势（请见图 1.7）。

虽然发展中国家劳动力参与率的现有数据非常有限，但在亚洲金融危机的冲击下一些国家也出现了类似的发展趋势。对处于工作年龄段（15—64 岁）的男性而言，劳动力参与率在两年内持续下滑（印度尼西亚），并且在一些国家这种情况尚未恢复（表 1.1）。预计在中低人均 GDP 国家，即便男性劳动力参与率只下降 0.7 个百分点（表 1.1 中的最低降幅），2012 年退出劳动力市场的男性将增加 2400 多万。总计大约 4300 万人在 2009 年至 2012

表 1.1 亚洲金融危机期间劳动力参与率及恢复所需年数

国家	工作年龄（15—64 岁），男性		
	金融危机初期的劳动力参与率	从峰值到低谷下降的百分点	恢复所需年数
马来西亚	83.4	0.7	未恢复
韩国	77.5	1.8	未恢复
印度尼西亚	85.0	2.2	2 年
越南	83.6	2.8	未恢复
菲律宾	85.0	3.9	未恢复

注：除菲律宾以外，所有国家的危机开始时间均为 1997 年，这次危机对劳动参与率（LEP）的影响直到 1998 年才被人们关注。本表中各国按照劳动力参与率降幅的升序排列。

资料来源：《劳动力市场关键指标》（KILM），第 5 版。

年期间将进入不从事经济活动或长期失业的状态。

……同时，对其他人而言，非正规就业是其唯一选择。

在许多发展中国家，当正规工作岗位很稀少时，比长期失业与怯志工作者更令人担忧的是失业工人因为缺少社会保障而倾向于进入非正规部门。[1]虽然非正规就业数据不多且定义也不统一，但对之前危机的分析似乎支持了这种预测。此外，之前危机的证据表明，一旦个人开始转入非正规部门，他们就很难再返回到正规的工作。[2,3]事实上，对可获取数据的最近六次金融危机进行分析，可以得出以下结论：

- 非正规就业倾向于在危机过后短期内增加，尽管增加的程度不一样；
- 在一些国家，非正规就业状况在两至三年后恢复到危机前水平，而其他国家的非正规就业人口则继续增长，甚至延续到危机过后五年（表 1.2）。

这些趋势对于就业恢复的前景影响重大。

这些风险（包括不断增长的长期失业形势、不从事经济活动的现象更为普遍，以及非正规就业情形的增加）都是人们特别不希望看到的情形，并且，正如以往经验所示，这些情形难以恢复，并会对经济复苏的潜力产生多方面的深远影响。

---

1 全球享有社会保障的人口只占 20%，近 55 亿的人口处于未受保障状态（请见第 2 节）。

2 请参阅，如 G. Betcherman 和 R. Islam 编《东亚劳动力市场与经济危机：影响、应对与教训》，（华盛顿，世界银行；日内瓦，国际劳工组织，2001 年）。

3 的确，各种形式的就业人口（正规、非正规与失业）相互转变可能性的证据表明，人们处于一种工作状态的状况将持续很长时间，包括失业者（Bacchetta、Ernst 和 Bustamante，2009）。

表 1.2　在危机期间，所选国家非正规就业水平的增加

国家与出现危机的年份	危机期间的非正规就业人口	增长到峰值时的百分点	恢复到危机前水平所需时间	采样范围
厄瓜多尔，1998 年	57.6	0.3	2 年	城市
乌拉圭，2002 年	40.8	0.6	2 年	全国
委内瑞拉，2002 年	56.3	1.9	2 年	全国
巴拉圭，2002 年	75.1	1.2	3 年	全国
阿根廷，2001 年	38.6	4.8	5 年仍未恢复（2006 年）	布宜诺斯艾利斯
哥伦比亚，1998 年	55.4	5.6	6 年仍未恢复（2004 年）	7 个主要城市
印度尼西亚，1997 年	62.8	8.0	6 年仍未恢复（2003 年）	城市

注：数据根据非正规就业发生率直至峰值的增长情形按升序排列。

资料来源：国际劳工问题研究所基于 Bacchetta、Ernst 和 Bustamante（2009）研究得出的统计数据。

首先，失业时间的增加带来的耻辱感会妨碍人们在经济复苏时谋求新职位，并且经常导致他们能够提供的技能与需求的技能长期不匹配。的确，长期没有工作的工作者丧失了很多技能，且他们的通用性人力资本也会退化。从这个角度来看，如果劳动力需求复苏，旨在促使人们回归劳动力市场的措施可能非常昂贵。

其次，非正规就业的不断增长可能会导致国家经济更容易受到冲击。[1]数据显示，非正规经济高于平均水平的国家与非正规就业人口比例较低的国家相比，前者受到经济危机不良影响的可能性是后者的三倍多（Bacchetta、Ernst 和 Bustamante，2009）。另外，之前的危机还表明，非正规经济的增长可能造成非正规经济领域工资（其在本次危机之前已经下滑）进一步下滑的巨大压力。同时，大部分非正规就业者就业程度并不充分，时薪的下降可能导致他们从事两个或更多的非正规工作或增加工作时间（如果他们是自雇工作者的话）。这将会影响他们未来在正规经济里重新就业的机会。

最后，经济危机导致不公平和不信任的风险将会增加并可能导致社会动荡。2009 年春，《爱德曼信任度报告》指出 60% 的调查对象感到他们对公司的信任水平从 2007 年起就已经开始下降。[2]而在美国，即便实施了 8000 亿美元的经济刺激计划，只有 28% 的调查对象认为政府在解决经济危机带来的问题上取得了实质性进展。

因此，即使目前国际货币基金组织预测全球经济增长将于 2010 年恢复

1　部分原因在于这些国家在全球产业链占据的特定位置，还有部分原因是非正规经济占大比例的国家控制充足资源以保障人民能充分抵御外部冲击的能力有限。但更重要的原因是，非正规就业降低了自动稳定因素的效果，而且缺乏必要的财政和政策空间的国家需要酌定采取额外的财政和货币政策进行干预（Bacchetta、Ernst 和 Bustamante，2009）。

2　《爱德曼信任度报告》，http://www.edelman.com/trust/2009/docs/Trust_Book_Final_2.pdf。

到正数（3.1%），但经济复苏，特别是劳动力市场，仍将十分脆弱。[1,2]事实上，正如本节所阐述的，劳动力市场的危机离结束之日尚早。的确，危机，特别是金融危机，对就业造成的负面影响在经济开始复苏之后还会持续很长时间。[3]

第二节　长期就业不充分及有限社会保障的风险

本节目的是估计目前危机对劳动力市场造成的预期负面影响的程度。鉴于全球就业危机持续的可能性，做出这种估计十分重要。另外需要重视的一点是，劳动力市场衰退（对个人福利有深远影响）也可能（通过延缓收入增长和降低潜在产出）抑制经济的复苏，并反过来潜在地破坏恢复财政可持续性的努力。

就业增长将缓慢而不足……

通过对过去金融危机期间经济增长对就业的影响进行计量经济分析可以计算得出产出—就业弹性值（采用国际货币基金组织的 GDP 预测：方法论层面的考量请参见附录 B 和专栏 1.1）。[4]就这点而言，就业衰退的持续时间和强烈程度显然依赖于对正在进行的经济复苏的进展做出正确估计的能力。

图 1.8　恢复到危机前就业水平的时间（按国家分组），2007—2014 年

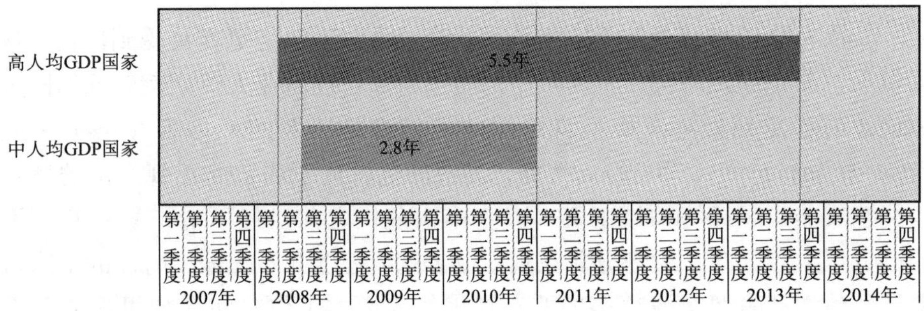

注：国家分组参见专栏 1.1。鉴于本节仅限于分析经历过危机的国家和具备足够历史时间序列数据的国家，因此每组国家与第一节相比略有不同。

资料来源：国际劳工问题研究所基于国际货币基金组织的预测，2009b；经济合作与发展组织，2009c；国际劳动组织，劳动统计数据库。

1　实际 GDP 增长率是以购买力平价（PPP）权重为基础，国际货币基金组织（2009b）。

2　重要的一点是要注意到存在其他预测。例如，联合国（2009b）预测 2010 年 GDP 的增长率（PPP 加权）为 3.8%。

3　请见附件 A。另外，最近 Reinhart 和 Rogoff（2008）的一项对银行业危机历史的研究表明，平均而言，危机导致失业率上涨 7%，则失业率回到危机前水平的平均时间为 4.8 年。在这项研究中，作者主要关注系统性金融危机，包括“五大”发达经济体危机——西班牙（1977 年）、挪威（1987 年）、芬兰（1991 年）、瑞典（1991 年）和日本（1992 年），以及一些著名的新兴市场危机——1997 年至 1998 年的亚洲金融危机，1998 年的哥伦比亚金融危机以及 2001 年阿根廷金融危机。

4　计量经济分析遵循 Escudero 提出的方法（2009）。

专栏 1.1　就业预测：方法论层面的考量

本节提出的预测依据过去危机时期实际 GDP 变化与就业变化之间的关系。用于就业预测的弹性值是对四个不同组别的国家以之前的国家级危机时期为基础使用奥肯法则（Okun－law）面板回归模型计算得出的（与计算、危机时期、弹性规模以及纳入考虑范围内的危机年代等有关的详细信息，请参见附录 B）。

- 高人均 GDP 分为两组——第 1 组：加拿大、德国、法国、意大利、美国以及英国经历过的八次危机；第 2 组：澳大利亚、西班牙和韩国各经历了一次危机。
- 中人均 GDP 分为两组——第 1 组：阿根廷、印度尼西亚、墨西哥及土耳其经历过九次危机；第 2 组：巴西、俄罗斯联邦及南非经历过六次危机。

就业预测值通过将就业弹性值应用于国际货币基金组织的 GDP 增长预测值（按国家，自 2009 年以后），再合计计算得出。[1]就业率预测值是将就业预测值除以国际劳工组织的劳动统计数据的工作年龄人口（15—64 岁的个人）数据计算得出。

国际劳动组织评估就业危机程度的其他措施

2009 年 9 月，国际劳工组织向 20 国集团领导人峰会提交的报告（国际劳工组织，2009e）主题为：保护民众、促进就业：对国家就业情况和应对全球经济危机的社会保障政策的调查。该报告列举了至 2015 年期间全球就业增长的四种可能轨道（以千年发展目标为基线）。这些轨道或情形展示了产量恢复速度以及就业增长与产量增长的比率的不同假设。这四种情形如下所示：

- 情形 1：最佳情形，经济强劲复苏（2011 年的世界经济增长率达 4% 以上）、就业人口大力增长（弹性值为 0.6%）。
- 情形 4：最差情形，经济复苏疲软（2014 年世界经济增长率为 2%—4%）、就业对增长的弹性值较低（弹性值为 0.4%）。
- 情形 2 和 3 为中间轨道。情形 2 保留了情形 1 经济快速复苏的假设，但就业弹性稍低，为 0.5%。情形 3 假设经济复苏疲软，且就业弹性值与情形 2 相同（0.5%）。

1　对于高人均 GDP 国家，以弹性值为基础的就业增长率是依据每个国家的季度就业信息的有效数据。在此意义上，澳大利亚、加拿大、德国、西班牙和美国所采用的最近时间点是 2009 年第三季度，其他国家是 2009 年第二季度。预测则是从其之后的那一季度起。

在此方面，重要的一点是牢记经济前景的不确定性，特别是在转折点期间：国际货币基金组织自 2008 年 10 月以来已经至少修正了六次全球经济增长预测（国际货币基金组织，2008）。确实，经济衰退将持续更久的可能性仍然存在。如果出现消费信心下降与劳动力市场复苏前景疲软的恶性循环，这种可能性将会更大。

与这些近期预测的背景不同，由就业弹性分析得出的主要结论是按就业水平分析的劳动力市场衰退总期限在中人均 GDP 国家最多为两年半，而在高人均 GDP 国家最多为五年半（图 1.8）。换言之，高人均 GDP 国家的就业可能在 2013 年末恢复到危机前的水平，而预计在中等人均 GDP 国家的恢复时间则早得多（2010 年底）。

然而，这些数据仅仅是指是就业水平。这些数据并没有考虑处于工作年龄人口在未来几年中会继续增长这个因素。因此，对就业率的分析（就业人口占工作年龄人口的比例）将对预期的不充分就业或“失业”[1]提供更好的指标。由于预期适龄工作人口将增加，则预计就业率恢复需要更长时间是不足为奇的，也就是说，高人均 GDP 国家在 2014 年末才能实现就业率的恢复。对于中人均 GDP 国家，考虑到适龄工作人口的快速增长，就业率预计在 2014 年之前无法恢复。这不是就业率第一次表现出这样的走势：亚洲国家于 1994 年发生过类似情况，当时就业率开始下降，然而 13 年之后仍未恢复（请见附录 A）。

各组别国家情形的详情表明：

- 高人均 GDP 国家：失业情形可能持续到 2010 年的第二季度，届时就业增长率不高，预计在 2013 年末才能全面恢复（见图 1.9）。就业率在接下来几个季度预计将遵循相似轨迹，但恢复还需超过一年的时间，即直到 2014 年下半年。

- 中人均 GDP 国家：就业在 2009 年受到破坏只是就这组别国家总体而言。预期的复苏曲线为 V 型，就业将于 2010 年底恢复到危机前水平（见图 1.10）。然而，正如上文所述，由于适龄工作人口数量预计将大量增加，在近期实现就业率的复苏并不现实。

……许多失业或自雇工作者无法获得福利……

当缺乏新的就业机会的时候，工作者随即面临的挑战就是继续寻找替代收入损失的方式，以降低社会动荡的可能性。但是很多工作者，包括正规的和非正规的，都没有机会获得适当的支持机制。

对于收入损失的降低，一些国家首当其冲的应对措施就是以失业救济或资助形式提供临时性支持。失业救济制度如果设计得当的话，可以通过提供收入支持和其他资助措施（如求职援助与培训），在缓解收入损失初期影响上发挥重要作用。[2]

然而，能获得救济和资助的个人（其数量和程度）在不同国家和地区差异巨大。从当前获得的数据看，2/3 的国家不具备失业保险制度来帮助求职者填补收入差距。[3]同样令人担心的是，即便是在具备失业保险制度的国家，该制度的效果也十分有限。这就是说，从全球范围看在失业者获得收入支持方面存在很大差距。图 1.11 展示了无法获得失业救济的失业者比例的地区差异。例如，在发达经济体，无法获得失业救济人口比例仅仅低于

1　本分析中的工作年龄人口定义为年龄在 15—64 岁之间的个人。

2　除了替代收入损失，社会保障也可以通过促进需求和提升消费信心起到一种反周期作用和自动稳定作用。

3　国际劳工组织最近的研究分析了 167 个国家中的大约 56 个。当然，没有失业保险制度的国家可能具备其他一些资助措施，例如社会资助、公共工程和其他类似计划，但从全球看，这些计划的覆盖范围十分有限（国际劳工组织，2009f，即将发布）。

图 1.9　所选高人均 GDP 国家的就业预测，2000—2014 年
（以危机前水平为 100）

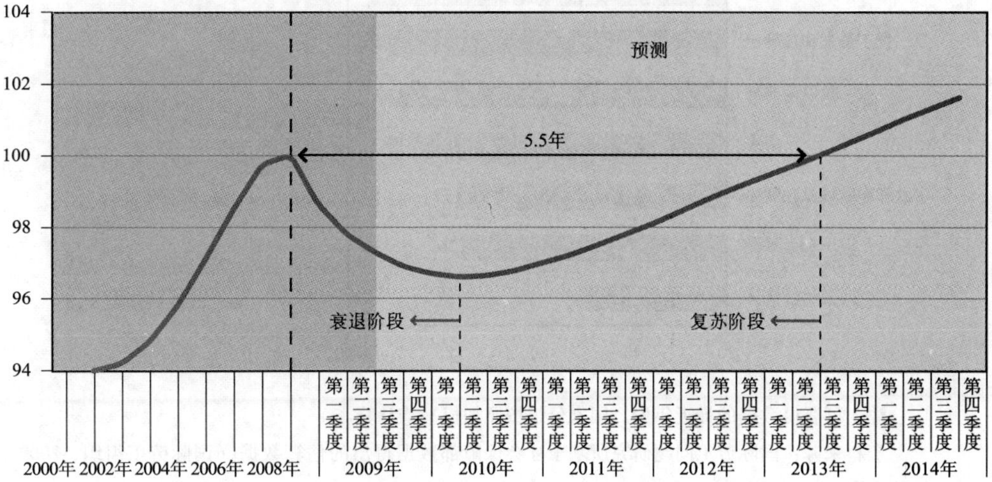

注：国家分组参见专栏 1.1。鉴于本节仅限于分析经历过危机的国家和具备足够历史时间序列数据的国家，因此每组国家与第一节相比略有不同。

资料来源：国际劳工问题研究所基于国际货币基金组织的预测，2009b；经济合作与发展组织，2009c。

图 1.10　所选中人均 GDP 国家的就业预测，2007—2013 年
（以危机前水平为 100）

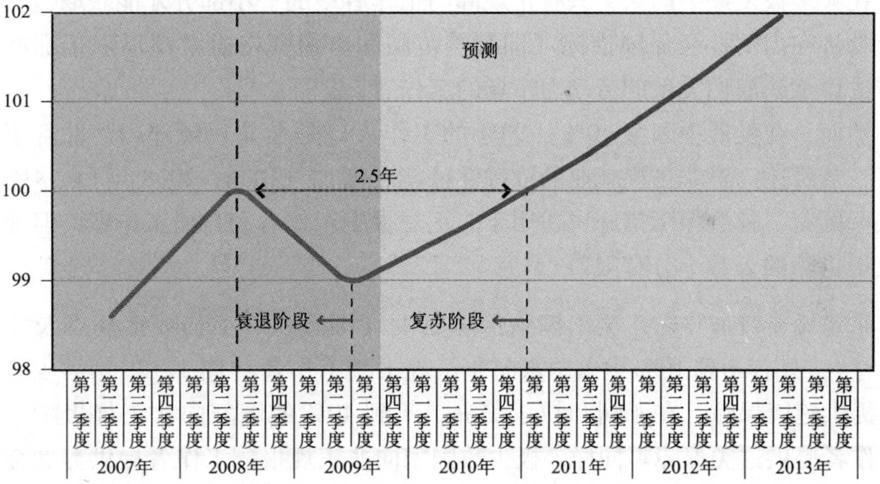

注：国家分组参见专栏 1.1。鉴于本节仅限于分析经历过危机的国家和具备足够历史时间序列数据的国家，因此每组国家与第一节相比略有不同。

资料来源：国际劳工问题研究所基于国际货币基金组织的预测，2009b；国际劳工组织，劳动统计数据库。

50%。[1]而亚洲与中欧和东欧国家，该比例增至 70%，在新兴与发展中地区，该比例超过 80%。

在危机影响下，部分国家扩展了其失业救济制度的内容，如增加津贴数

1　也可参阅经合组织：《就业展望》，2009d；Stone、Greenstein 和 Coven，2007 年；经合组织福利与报酬数据库。

图 1.11 无法获得失业救济的失业者的百分比，不同年份

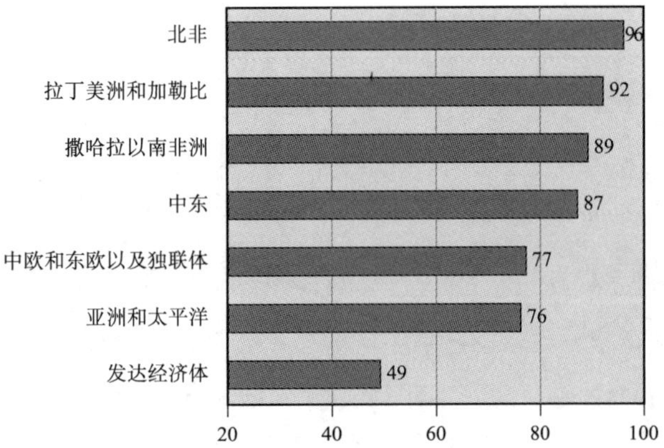

注：可获得数据的最近年份。国家分组按照加权平均计算。

资料来源：国际劳工问题研究所基于社会保障部数据得出的估算数据（国际劳工组织，2009f，即将发布）。

额、放宽申领标准或延长失业者可以获得救济的期限等。但是，政府的举措仅限于他们国家已采取的措施，如图 1.11 所示，这些措施在覆盖范围上受到了很大的限制。[1]

……而只有正规工作者才能得到更广泛的社会保障。[2]

在大多数发展中国家，只有正规部门工作者中的一小部分才能获取包括失业救济在内的社会保障措施（即覆盖范围和申领资格通常都仅限于那些参与法律承认雇佣关系的劳动力市场的工作者）。[3]

然而，在发展中国家 40%—93% 的工作人口是在非正规部门，并且正如第一节所述，对非正规就业的依赖性可能在增加（Rani，2008 年）。尽管在某些国家，社会保障措施也适用于非正规报酬工作者和自雇工作者，但能够获得保障的人数十分有限。[4]

- 非正规部门工作者：至于健康保障制度（即残疾、工伤或疾病以及生育），只有不到 10% 中东国家向非正规报酬工作者（图 1.12，第一组）提供健康保障。在亚洲和拉丁美洲，不到 40% 的国家向非正规报酬工作者提供这类保障。同样，极少数国家向非正规报酬工作者提供养老金及寡妇/遗属抚恤金；这些国家占中东国家的 18% 和非洲国家的 37%。对非正规报酬工作者提供失业补助或家庭津贴的国家甚至更少。

---

1 关于各国在依据收入水平向失业者提供的收入支持方面的措施的详细信息请参见国际劳工组织（2009b），《失业者保障专题评估》（日内瓦）。

2 本小节由 Uma Rani 撰写。

3 “正规报酬”工作者包括公共和私营部门雇佣的工作者以及具有固定薪酬的工作者。

4 “非正规报酬”工作者包括临时的、兼职的以及季节性工作者；所有经济部门的临时工（计日薪和周薪）；家庭佣人/工作者；小型企业（少于 5 个、10 个或 20 个工作者的企业，不同国家标准不同）的工薪工作者；家庭工作者以及无报酬的家庭劳动者。在自愿基础上被纳入自雇工作者的包括自雇出租车司机、艺术家、交易员、小公司雇员、工匠和渔夫。

图 1.12　为非正规报酬工作者和自雇工作者提供社会保障制度的国家比例，按地区划分，2009 年

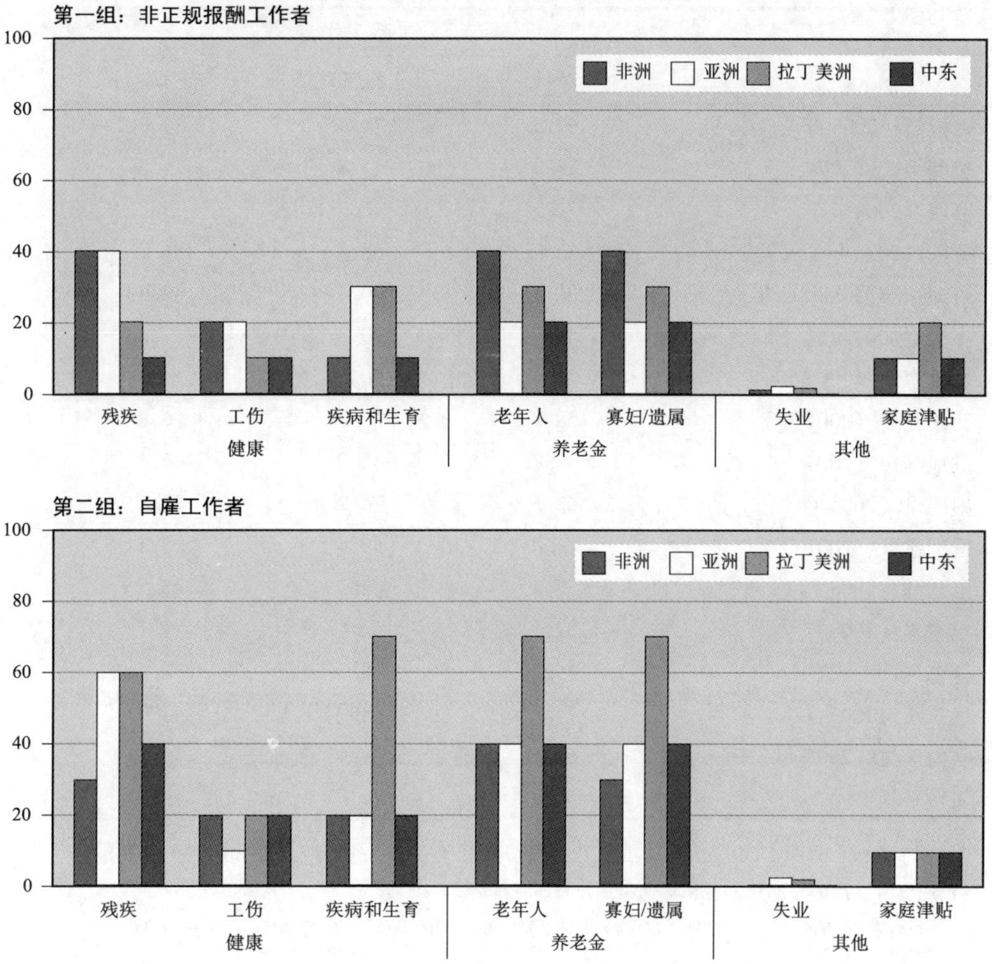

资料来源：国际劳工问题研究所以国际社会保障协会可获取的法律文件为基础估算出的数据（2009 年）。

- 自雇工作者：对这些工作者提供的保障计划似乎更多，特别是在残疾人和养老金方面，1/3 或更多的国家提供这方面的保障（图 1. 12，第二组）。在拉丁美洲，有迹象显示将有 2/3 甚至更多的国家提供该类保障。然而，这方面仍存大巨大差距：除拉丁美洲之外，只有 25% 的国家向自雇工作者提供工伤、失业或家庭津贴。与此相似，超过一半的国家不为自雇工作者提供养老保障措施（在这点上，拉丁美洲也是例外）。

需要着重强调的是，即使在有社会保障制度的国家，在社会保障的措施和有效获取保障的个人数量上也经常存在很大差距，如同上文所述失业救济制度的情形一样。非洲、亚洲和拉丁美洲的部分国家的数据显示出具体措施和覆盖范围上的差距。例如，在肯尼亚，25% 的人口有正规的健康保险；而在科特迪瓦，只有 5%。据估计，在巴拿马有约 65% 的人口拥有健康保险，但在巴拉圭该比例低于 16%（国际劳工组织，2009d）。

表 1.3　拉丁美洲和加勒比的社会保障覆盖范围

（仅以城市工薪工作者为基础）

	工薪工作者		
	总计	正规部门	非正规部门
阿根廷（2005 年）	62.5	74.4	23.0
玻利维亚（2004 年）	28.3	45.8	4.5
巴西（2004 年）	71.5	76.2	35.3
智利（2003 年）	82.9	88.5	54.7
哥斯达黎加（2005 年）	80.4	90.4	40.4
多米尼加共和国（2005 年）	58.7	70.0	7.2
厄瓜多尔（2005 年）	46.4	60.8	14.8
萨尔瓦多（2004 年）	58.9	78.2	6.8
危地马拉（2004 年）	48.7	66.0	7.6
墨西哥（2005 年）	62.5	76.2	20.1
尼加拉瓜（2001 年）	41.0	58.4	6.4
巴拿马（2005 年）	76.3	86.3	25.9
巴拉圭（2005 年）	32.3	52.1	4.1
秘鲁（2003 年）	35.2	38.5	2.4
乌拉圭（2005 年）	77.3	88.9	44.9
委内瑞拉（2005 年）	61.7	73.4	15.8
简单平均值	57.8	70.3	19.6

注："非正规部门"指的是在非正式小型公司（低于五个工作者）就业和家庭工作者；而"正规部门"指的是那些大型私营企业和公共部门雇员。

资料来源：Titelman，(2007) 基于拉丁美洲和加勒比经济委员会（ECLAC）数据库（2007）。

在此方面，通过考察城市工薪工作者可发现，正规和非正规部门之间的差距在增大。例如，即使在对正规报酬工作者的社会保障覆盖范围相对较高的国家（如在智利、哥斯达黎加和乌拉圭超过了80%），非正规报酬工作者的社会保障覆盖率也不到一半（表 1.3）。在大多数其他拉丁美洲国家，覆盖率通常更低——正规报酬工作者为 38.5%—78%，而非正规报酬工作者不到20%。

由于有如此多的工作者缺乏足够的保障，因此当前危机造成的严重就业损失在社会影响方面引起了更大的关注。现实情况是大部分工作者并没有一个保障可以使其在需要时有所依靠。所以，在此存在双重区分——不仅存在于就业者与失业者之间，也将能够获取社会保障者和无法获得社会保障者分裂开来。如果不采取适当的措施，在劳动力市场复苏期间，这个差距可能还会扩大。

第三节　前进的道路

迄今为止，在拯救金融业与恢复对金融市场的信心方面已经做出了很多努力，但正如第二章所述，为解决危机背后的金融体系的关键问题所做出的努力仍然微乎其微。财政和货币政策在激励经济复苏方面取得了成功，然而，最近全球产值与股权市场的反弹无法掩盖一个事实，即2008年10月爆发的危机仍然牢牢掌控着全球就业形势，而且预计还会持续一段时间——正如前两节所阐述的那样。

然而，有观点认为政府将不会进一步采取财政刺激措施，并因此可能考虑退出策略。本节的目的在于：（1）阐述短期内政府干预的重要性和可行性；（2）强调与《全球就业协议》保持一致的政府措施能够在财政可持续性的限制下促进就业复苏。

一、为解决就业危机采取进一步政府干预的案例

面对公共债务和赤字增长的刺激措施的案例。

除金融救援一揽子计划与货币措施外，大多数国家引入财政刺激一揽子计划进行干预以解决危机。计划的规模在不同国家间的差异很大。从全球来看，国际货币基金组织的报告称G20中的发达国家在2009年酌定实施的财政措施的平均规模为GDP的1.9%，而G20中的新兴和发展中国家财政措施的平均规模为GDP的2.2%。[1]

鉴于财政开支数额巨大，许多国家（发达国家和主要新兴国家）预计在2010年将出现严重的财政赤字（见图1.13，第一组）。回顾各国为资助金融机构而导致的预算赤字以及采取的措施，几乎所有国家（就所获取的数据而言）的公共债务总额占GDP比例都可能增长（见图1.13，第二组）。政策制定者现在关注的是如何缩减和限制进一步的干预，以平衡预算和稳定公共债务。

为阐述财政目标与就业目标之间可能存在的取舍问题，在此使用了一个宏观经济模型（Ernst与Charpe，2009）。公共干预与支出的可能情形包括：[2,3]

（1）不干预：公共支出保持恒定。该情形被用作比较各种财务政策相对性绩效的基准；

（2）削减公共支出以稳定债务；

（3）公共支出随就业变化而变化：财政管理机构采用就业流失人数（或增加人数）来决定增加（或减少）公共支出。

在劳动力市场预计将持续不景气的背景下，“主要研究成果”这部分内容表明当财政管理机构通过支出以应对就业情形时（就业人数减少时增加开支），就业流失人数与不进行干预时相比低7.2%（见图1.14）。而通过

1　M. Horton、K. Manmohan和M. Paolo：《公共金融国家：跨国财政监管者》，国家货币基金组织“工作撷萃”，2009年7月。被引用于《保护人民，促进就业》中。

2　提出的宏观经济模型假定，失业人数增长原因在于劳动力市场的不完善以及公开支出对经济会产生影响（通过负债资金进行的公共干预通过财富效应会对消费造成正面影响）。在经济学中，该模型既属于匹配模型体系，也属于永葆青春模型体系。

3　本节的模型运算由Matthieu Charpe提供。

图 1.13　所选国家的财政状况（赤字和债务），2010 年

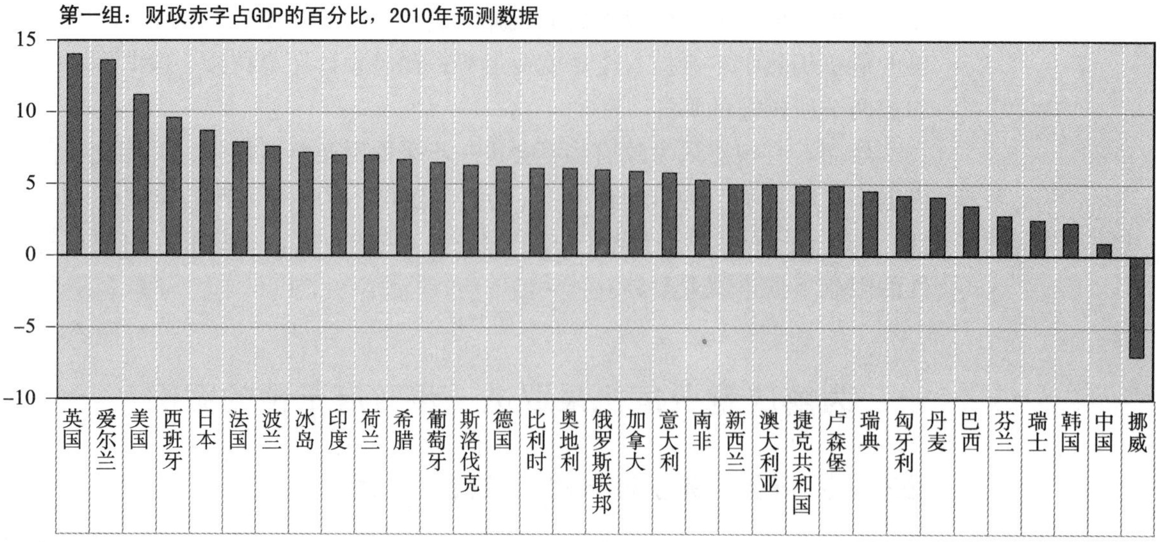

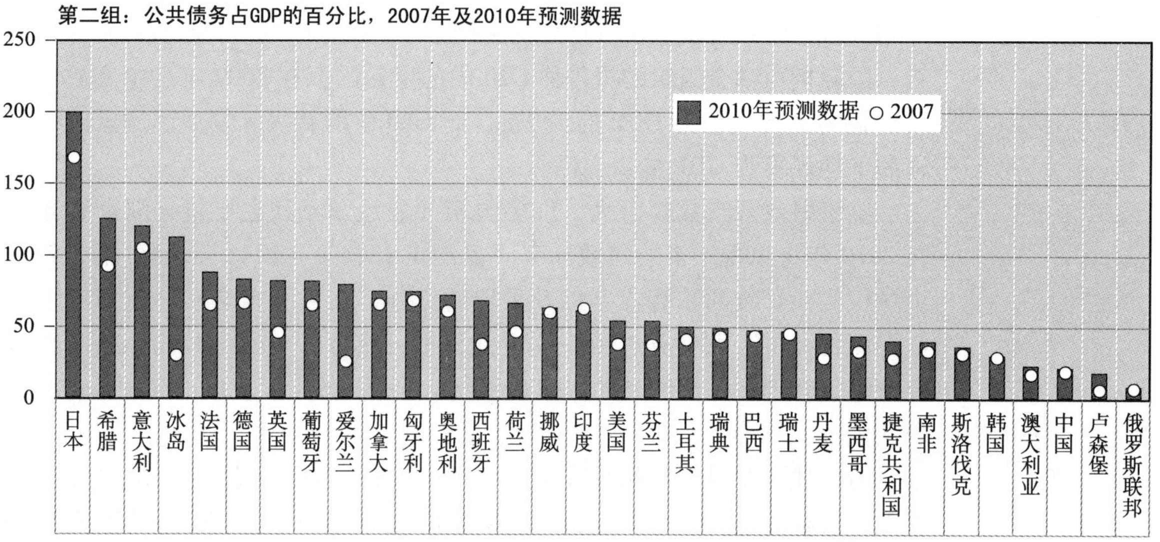

资料来源：财政赤字数据来源于：印度储备银行专业预测者调查，2009 年 11 月（印度）；经济合作与发展组织，2009c（巴西、俄罗斯联邦、中国和南非）及经济合作与发展组织，2009b（所有其他国家）。财政赤字定义为政府净贷款占 GDP 的百分比。公共债务数据来源于经济学人（信息库），由于采用多种定义，难以进行国家之间的严格比较。

图 1.14　与基准（不干预）相比，不同公共支出情形下对就业产生的效应，按百分比计

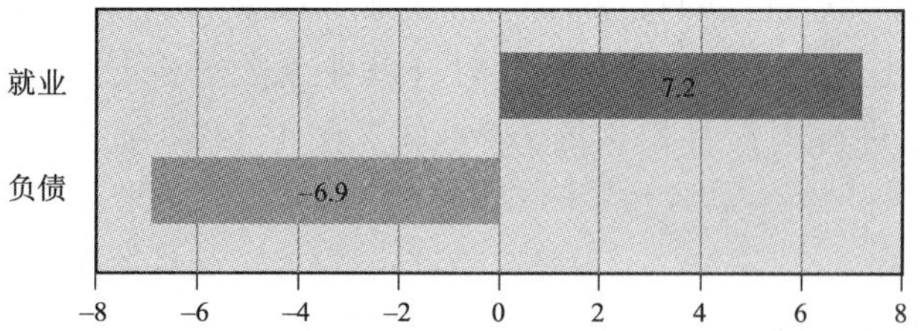

资料来源：国际劳工问题研究所基于 Ernst 与 Charpe 研究得出的估算数据，2009 年。

减少开支以试图稳定公共负债则将进一步使就业流失人数增加6.9%，延长就业危机时期并潜在损害经济复苏的前景。此外，采用就业相关措施需要资金支出，因此在短期内会增加公共赤字，但就业与产值的潜在收益意味着公共负债的增长只是暂时情形，从中期来看，公共负债将恢复到危机前的水平。[1]

此外，支持劳动力市场有助于缓解全球就业危机并支持范围更广的经济复苏工作。

政府必须谨慎权衡对公共债务水平的关注程度，同时考虑过于草率地停止使用财政措施将造成更为严重的就业流失，延迟经济复苏并在之后为公共财政甚至带来更大的压力。因此，政策制定者面临的挑战是设计能解决目前劳动力市场不振的短期政策，同时这些政策又能与解决根本问题的工作保持一致。实现这两方面的平衡是达到长期经济复苏的坚实基础，同时又能将公共债务维持在理性水平。

国际劳工组织通过制定的《全球就业协议》提议实行多种危机应对措施以解决全球就业危机，并支持更加广泛的经济复苏工作（国际劳工组织，2009c；国际劳工组织与国际劳工问题研究所，2009a；国际劳工组织，2009e）。甚至在财政空间不断缩小的国家，《全球就业协议》的规定也能有益于这些国家更快地实现更长期的复苏，方式包括诸如公共基础设施发展、社会保障、对弱势群体的支持及劳动力市场技能及培训计划等。这些政策将在解决劳动力市场不平衡及协助避免未来再次爆发金融危机方面长期发挥作用。

二、《全球就业协议》：五个国家支持经济复苏的劳动力市场与社会措施[2]

部分国家按照《全球就业协议》的精神改进了政策，这些政策的作用不仅体现为经济的反弹，劳动力市场也展现出复苏的前期征兆。澳大利亚与巴西都是拥有充足财政空间的商品出口大国，这两个国家在此方面的情形都颇为有趣：

- 澳大利亚同样也是通过公共基础设施投资支持经济发展，维持家庭消费也对经济发展起到辅助作用，而增加对目标群体的社会性资助对家庭消费而言是极大的催化剂。在经济活动复苏之前，保留工作岗位的做法也有助于支持就业。
- 在巴西，创造就业与经济活动的反弹是采取措施增加家庭收入以及完善社会救助计划的成果。增加家庭收入的举措刺激了国内私人消费，社会

1 对激励措施的前期回顾表明，酌定采取的财政扩张措施与自动稳定因素相结合，已为G20创造或保留了700万—1100万的工作岗位（国际劳工组织，2009e）。

2 本节由Marva Corley Coulibaly与Naren Prasad编写，Megan Gerecke提供了出色的研究协助工作。

救助计划包括诸如失业救济与附条件现金转账等。此外，巴西还成功维持了非正规就业的下降趋势。

在复苏进程更为平缓的国家，特定劳动力市场与社会政策对于经济恢复发挥了一定的作用，并向最需要帮助的群体提供了关键性支持：

- 德国2008年第一季度的GDP增长率下降3.8%，创下过去40年以来最大降幅的纪录，但德国通过完善现有制度限制了就业流失人数，包括支持缩减工作时间、临时性工作分担及部分失业津贴等。
- 约旦等国的情形表明，即使是财政空间有限，也可以制定出产生积极效应的符合《全球就业协议》精神的政策。约旦已成功增加了对贫困家庭与弱势失业群体的规定和支持，并维持了全民社会保障的承诺。
- 韩国的经济与劳动力市场复苏动静不大，但通过临时性工作分担与协商性工资限制以及向最脆弱群体（尤其是年轻人和新近失业者）提供定向性社会资助以减少失业人口的政策取得了成功。

当然，各国应对危机的政策空间、资源、能力水平各不相同，并没有"放之四海而皆准"的政策。正如第一节所指出的，各国受危机影响的方式不一样，因此应对的政策也各不一样。然而一些措施重点强调有助于支持更广范围的经济复苏的解决劳动力与社会挑战的方式。

澳大利亚：开始复苏之后的劳动力市场反弹

躲过"衰退"一劫

澳大利亚可能是唯一在2009年未发生经济衰退的发达经济体，其2009年前两季度的经济增长率虽然不高，但仍维持在正值水平。在商品出口复苏及强劲财政刺激措施的支持下，澳大利亚2009年第二季度的经济增长了0.6%（季度环比），高于第一季度0.3%的增长率。2009年预计增长0.7%左右。澳大利亚劳动力市场的形势也很乐观，2009年失业率峰值将低于6%，比政府预期低了足足2个百分点。

危机反应

金融危机爆发之后，澳大利亚迅速果断地实施货币与财政政策措施以支持金融市场，缓解需求，救助最脆弱群体并刺激创造就业。之前商品繁荣期积累的储蓄使政府具备足够的财政空间，集中使用强劲的反周期应对措施。

尤其值得一提的是政府分两个阶段实行的一系列刺激计划。第一阶段的刺激计划于2008年10月实行，该计划集中于收入补助；第二阶段的刺激计划于2009年2月颁行，由"可立即启动"的基础设施建设计划组成。用以应对危机的经费总额（2008—2010年）达到GDP的5.3%左右，在所有经济合作与发展组织经济体中列居第三（经济合作与发展组织，2009b）。刺激计划集中于五个关键领域：

- 针对目标群体的社会资助：澳大利亚应对危机的初始措施是增加对收入有限家庭的社会资助，特别是弱势群体，如退休职工及低收入家庭等。提供资助并不只是为最需要的人提供帮助的唯一方式，同时将现金提供给最可能花费这些现金的人能够立即刺激经济，这样也支持了家庭消费。退休人员获得的金额为1400—2100澳元（取决于其收入水平的高低），中低收入家庭内工作的成员按该家庭拥有的孩子人数获取一定数额的转移支付，每个孩子计1000澳元。通过这些措施及其他措施，该计划预计使家庭收入增长了197亿澳元（澳大利亚政府，2009）。

- 通过支持住房购买者带动消费：虽然支持住房购买者与劳动力市场并不直接相关，但该措施是第一阶段刺激计划的重要部分，因为住房占家庭财富的60%，而且这也是带动消费与提升消费者信心的重要驱动因素。“首次购房者激励计划”鼓励买房行为，并支持了超过59000位首次购房者（澳大利亚政府，2009）。澳大利亚的住房价格因此稳定下来，至2009年第二季度，房屋价格与去年同比只下降了1.2%。

- 基础设施建设支出：2009年2月，政府公布了一项较大型的刺激计划，该计划向目标群体提供额外资助，但计划的核心包含对基础建设投资的因素，且投资额达历史最高。“国家建设与就业计划”包括一项总额为299亿澳元的公共资金基础设施项目。该项目旨在建设当地社区基础设施、住房、学校、公路，同时还资助国家宽带网络建设，这将在未来八年以上的时期里每年提供高达25000份地方工作岗位。

- 技能、培训及求职援助：为解决长期劳动力市场问题，并加大对谋职者的援助，政府特别重视提供培训及发展技能。政府向“劳动力安置计划”拨付1.87亿澳元，提供了56000个培训名额，并将在2009年至2014年期间，使培训名额总数达到750000个。培训特别针对处于不利情形的谋职者，即新近失业者及青年工作者。

- 《2009年公平工作法案》：虽然该法案在危机爆发前（2009年7月）业已颁行，但其内容与支持就业的许多领域相关，如工作保留、培训以及工资等。该法案内容全面，为危机中企业活动的改善设定了目标。新的产业关系系统为所有本国工作者设定了工作条件的最低标准，为大部分工作者设定了额外的安全保障网，为不公平解雇投诉提供了更多渠道，还为工会进入工作场所设定了更广泛权利。

成效

经济合作与发展组织认为澳大利亚的财政刺激计划在支持就业方面卓有成效。根据估计得出的数据表明，如果没有实施这些刺激计划，2008年至2009年的经济增长率将降低1.3%（第二季度，与去年同比）（经济合作与发展组织，2009d）。经济复苏背后的主要驱动力是家庭支出的反弹与公共消费的增长。财政刺激支持了家庭支出，而2009年上马的公共基础设施计划则在2009年第二季度使公共投资与上季度相比增长了0.8%。

自2008年10月以来，失业率从4.4%上升到2009年10月的近6%，但自2009年5月份以来一直停留在5.7%左右（见图1.15）。从2009年8月起，就业人数也呈上升趋势。这种劳动力市场的反弹可以稳定需求，改善财政状况，并减少需要失业救济的失业者人数。

澳大利亚就业情形的一个重要因素在于该国的就业主要靠创造非全日制就业；全日制就业率在2009年10月与去年同比降低了1.7%，而非全日制就业在同期则增加了近5%（见第1节）。因此，劳动力市场的调整主要通过减少工作时间而不是通过增加裁员予以实现，通过纯粹的市场反应予以实现，公司也不愿意裁减合格的现有员工。总工作小时数从2008年7月的9.59亿小时降到2009年9月的9.3亿小时，共计下降了3%，但就业人数仍维持相对稳定的水平。这种情形导致不充分就业人数（即希望增加工作小时数的非全日制工作者）的上升，并因此引起劳动力的不充分利用（衡量失业与就业不充分的指标）。澳大利亚的劳动力季度不充分利用率自2001年5月以来稳步下滑，但在2008年8月至2009年8月期间却从9.9%上升到13.6%，增加了近4%，其中青年工作者占的比重特别大（2009年5月为23.7%）。

图1.15　澳大利亚劳动力市场的复苏

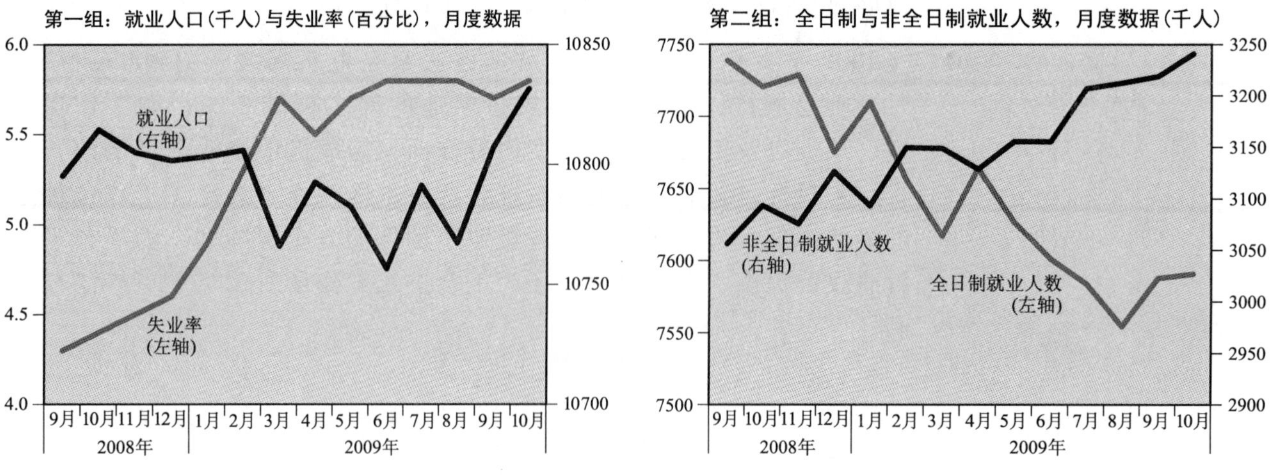

注：全日制与非全日制就业人数数据每季度进行调整。

资料来源：澳大利亚统计局，2009年。

前进的道路

澳大利亚的劳动力市场在存在众多风险因素的情形下仍有反弹表现。国外对商品的强劲需求以及国内不断增长的以公共和家庭开支形式的消费巩固了刺激措施和初期复苏。但是，如果商品复苏只是短期的或者商品价格下降，那么国内的需求可能无法支撑持续的增长。澳大利亚与巴西一样，出口主要是商品，商品出口占出口总额的比例约为65%。虽然中国对两国商品的强劲需求有助于其经济的增长，但澳大利亚的复苏仍然易受交易量下降的影响。

另外，正如第一节所讨论的，如果经济状况在短期内恶化或全球经济复苏延迟的话，与裁员（一种应付短期衰退的可行方案）相比，减少工作时间对雇主而言在财务上可能不具可行性。因此，过早取消刺激计划可能会抑制增长并影响劳动力市场的前景。最近，澳大利亚财政部估计过早取消刺激计划的代价可能是10万个工作岗位的流失。

巴西：通过促进国内消费刺激经济复苏

短期的衰退

随着全球金融危机的爆发，巴西的经济经历了一段急剧但相对短暂的衰退期（2008年第四季度和2009年第一季度GDP增长率分别为 -3.4%和 -1.0%）。2009年第二季度重新恢复为正增长（1.9%）（巴西中央银行，2009）。

危机反应

巴西政府对危机的反应十分迅速，政府利用现有政策措施的杠杆作用促进增长并创造就业。巴西应对金融危机的一揽子刺激计划与现有的2007年的“增长加速计划”相结合，其中包含大量的公共投资计划，尤其是公共基础设施计划。该计划对公营企业（如巴西石油）提供支持，使这些企业能继续进行经济投资，计划还对巴西国家经济社会发展银行提供援助。此外，政府还拨付资金促进海运业的发展。政府还实施强劲的刺激政策以拉动国内消费，方式有为购买汽车与其他耐用品提供目标明确的税务激励，并根据名为“我的家，我的生活”计划规定提供援助以建设100万套房屋（向低收入家庭提供40万套，向中产收入家庭提供60万套），该计划有助于支持困难行业，如建筑业与汽车业等。其他援助形式还包括为出口商提供出口融资贷款支持以及向中小企业提供购买生产资料及进行额外农业投资的贷款等。

为缓解危机的社会影响，巴西政府采用了普遍性的应对措施（如提高最低工资并增加失业福利）以及有针对性的应对措施（如为穷人提供住房及提供附条件的现金转账）。尤其是政府将最低工资按实值计算提高了6%（直接或间接地增加了工作者约40%的收入），并将失业保险体系扩展到能够纳入因危机受到特别影响的工作者。此外，政府加强了现有的通过“家庭补助金”计划提供的针对性的附条件现金转账。

成效

巴西的家庭消费仍处于较高水平，占2008年GDP的61%，相比之下，其他经济体（如中国）的家庭消费仅占GDP的36%。维持家庭收入与支持国内私人消费的政策有助于经济复苏：2009年第二季度的消费额增长了2.1%。购买汽车及家用电器的税收优惠政策似乎特别行之有效，耐用品消费（如汽车业生产的产品）对消费额增长的贡献最大。总之，私人消费为2009年实际GDP的增长贡献了1.5%，2008年则为3.3%。

提高最低工资也为维持家庭购买力作出了贡献。此外，2008年末与2009年末公共部门与汽车业均维持了工资的上涨趋势，因此这两个部门也分别进一步推动了国内消费。

近期的数据同样表明，因为采取了反周期以及针对特定产业的政策应对措施，危机对巴西劳动力市场的影响有限（Barcena等，2009）。2009年上半年，就业人数继续增长。自2009年1月以来，六个主要都市圈的正规雇佣工作者数量增长了40万人（见图1.16）。从失业率的下降也可看出就业人数在增长，失业率从2009年3月的9%降低到2009年9月的7.7%。

此外，非正规部门的工作人数占总就业人口的比例也在下降。20世纪90年代初，非正规就业人数超过巴西总就业人口的60%，截至2006年，该比例下降到不足55%（Baccheta、Ernst和Bustamante，2009）。[1]与此类似，近期数据表明，无工作证的工作者人数保持在相对稳定的水平。2008年2月，无工作证工作者占总就业人口的比例略高于19%，2009年3月为18.7%，2009年9月上升到19.2%（见图1.17）。换言之，巴西的经验表明，最低工资的增长并不会导致正规工作人口的下降。而且，社会保障措施有助于抵消非正规就业人口增加而带来的风险。

前进的道路

总之，巴西将既有的增长加速计划政策与新的一揽子刺激计划相结合，通过维持家庭收入，提高工资水平，利用社会援助计划（如失业救济与有条件现金转移等）缓解危机影响等方式，达到了增加公共基础设施投资，提升国内消费并最终拉动经济增长的目的。巴西的一揽子刺激计划总额约占其GDP的1%—1.5%（相比之下，中国为13%，美国为5.6%，墨西哥为4.7%，阿根廷为3.9%）。

---

1 非正规部门的定义中包括员工少于五人的企业、创业者、自营工作者或自雇工作者（不包括专业、管理或技术工作者）、家庭工作者（无酬）和家政工作者。

图 1.16　巴西经济与劳动力市场复苏，2007—2009 年

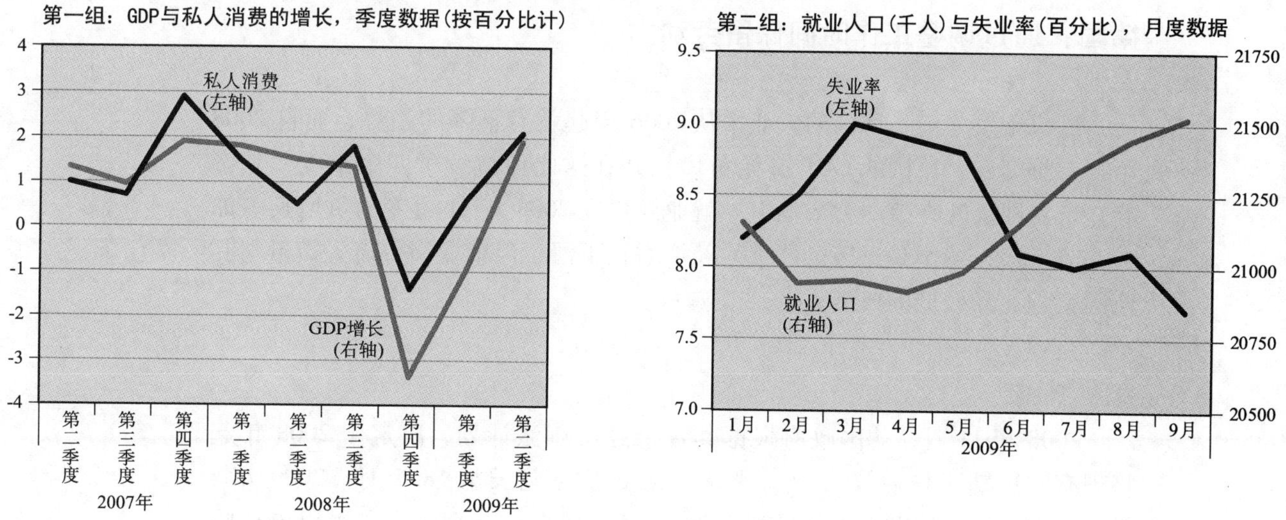

资料来源：巴西中央银行，2009；巴西地理统计局。

图 1.17　无工作证的工作者占总就业人口的百分比，2008—2009 年

（百分比）

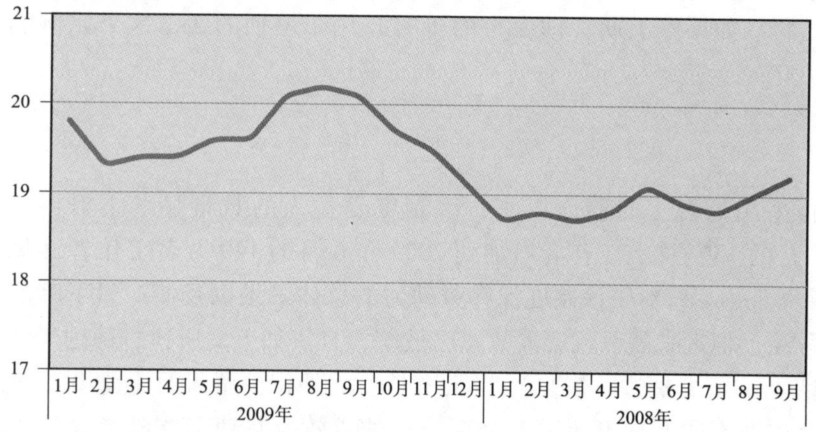

资料来源：巴西地理统计局，2009 年。

此外，巴西发达的全民福利制度与有针对性的社会性政策相结合，在减轻全球经济危机对弱势群体的影响以及促进经济复苏方面发挥了作用。在劳动力市场方面，失业率可能会进一步下降，但中等与高等教育（平均在校时间 7.3 年）的低入学率导致缺乏技术工人的情形还将继续。政府需要特别注意逐步取消一揽子刺激计划所带来的影响，特别是税收优惠计划方面。

德国：通过调整工作时间保留劳动力

危机爆发之前，德国的失业率从2006年起就有下降的趋势，而自2008年第二季度起，德国的GDP开始负增长并在这之后持续了四个季度，其影响并未立即反映在劳动力市场上。就业人口在2008年11月变为负增长。如上一节所述，德国是经历了严重的经济增长下滑，但就业岗位流失数量与其他国家相比却较低的典型。

危机反应

2008年11月，德国政府根据其首个经济刺激计划，决定于2008年起将现有的短期工作协议（*短工津贴*）从6个月延长至18个月。2009年5月，再次将短工津贴延长到最高为24个月。根据该计划，雇主可以申请临时性国家援助以补齐工作时间减少的雇员的工资。因经济因素面临暂时性且不可避免的就业岗位流失的公司可申请该援助。在经济衰退导致至少1/3公司职工的总工资下降10%的情况下，而且如果符合行业劳资协议的话，公司就有资格申请该援助。向公司发放短期津贴的条件是已取消加班并已用完工作时间信用额度。联邦就业局负责偿付工薪劳动者净工资损失的67%（对无子女工作者而言则为60%），雇主可以就其为雇员上缴社会保险的50%得到偿付。如果停工期（即缩短的工时）用于培训的话，这个比例能够上升到100%。

成效

德国自采用缩短工时制度以来，该制度受益人的数量显著上升：从2008年11月的13万多名工作者增加到2009年6月的140万名工作者（见图1.18）。[1]而且，尽管对于该制度保存劳动力的总体效果以及使产量下降的影响存在争论，但近来就业流失人数业已放缓，且正如上文所述，德国经济增长已经恢复（至少是暂时恢复）为正增长。此外，消费每月上涨0.3个百分点以及失业率的上涨未超过1个百分点的成效也归功于该制度（法国外贸银行，2009）。

前进的道路

德国缩短工时的方法与澳大利亚采取的方法相类似。该方法在短期内看来是成功的，但更长期的成效仍有待考察。尽管该计划有效地减少了就业流失，但这一优点必须与该方法可能放弃了产值增加予以权衡考虑。有批评认为，这种方法人为地支持没有竞争力的企业和行业。另外还存在这样的风险，即随着劳动力市场衰退的持续，这些“保留的”工作者将加入失业大军并将进一步延长危机时间。劳动力市场的回升也将更无起色。积极的一面是工资增长可能会更早恢复。

1　由于建筑业的冬季特别计划，1月份、2月份和3月份的参与者数量更多。然而，2009年3月的参与者数量仍然几乎达到了2008年3月的10倍。

图 1.18　就业流失与短工津贴受益者，德国，2008 年 1 月至 2009 年 6 月

（千人）

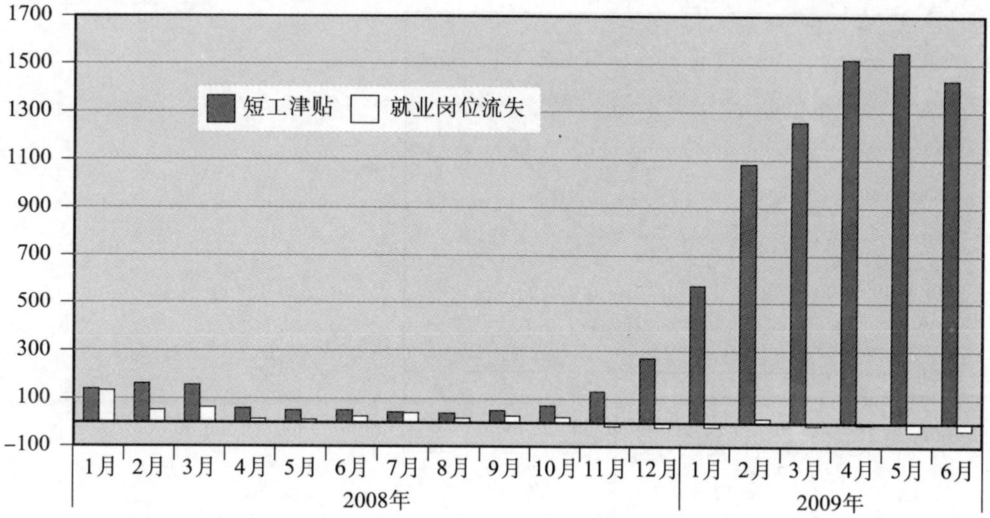

资料来源：德国联邦就业局数据库。

约旦：有限的财政空间决定了危机应对措施

金融危机的影响及有限的财政空间

约旦与中东地区的其他石油进口国一样，由于大量的公共债务和有限的金融资源，约旦已经放缓了应对经济危机的财政反应步骤。结果，政府不得不撤销之前宣布的 1.83 亿约旦第纳尔（约合 2.56 亿美元）的一揽子财政刺激计划，而改为向最需要的人提供有计划的资金支出以及涵盖面更广的社会服务。

约旦 2009 年上半年的经济增长率较为稳定地维持在 3%（由于其进入国际金融市场和制造供应链的渠道有限）。但是与一年前同期相比，GDP 增长率（从 8.9%）下跌了将近六个百分点。此外，第三季度的失业率与 2008 年同季度相比上升了两个百分点（见图 1.19）。

危机反应：有针对性地支持最弱势群体

尽管在财政上受到限制，约旦已经采取措施通过一系列途径加强对弱势群体的支持。约旦已经将月最低工资从 110 约旦第纳尔（约合 155 美元）增加到 150 约旦第纳尔（约合 211 美元），并对 2000 万约旦第纳尔（约合 2800 万美元）国家援助基金（该基金向贫困家庭提供现金援助和支持）的资金落实与扩展进行了完善，并推行了其他种种举措。通过补充性资金划拨，该基金每月向 12335 个新家庭提供现金资助，2009 年资助的家庭总数增加到 82694 个。政府还根据“特殊情形计划”（该计划照顾到了残疾人），将申领支持的合格标准从 200 约旦第纳尔（约合 282 美元）扩大到 250 约旦第纳尔（约合 352 美元），并增加了根据该计划予以支付的金额。

在创造就业方面，政府已制定了多项重点针对弱势群体的计划。2009 年 10 月，政府根据“失业与农业工作者政府支持”计划开始接受申请，其

图 1.19　约旦的季度失业率，2008—2009 年

（百分比）

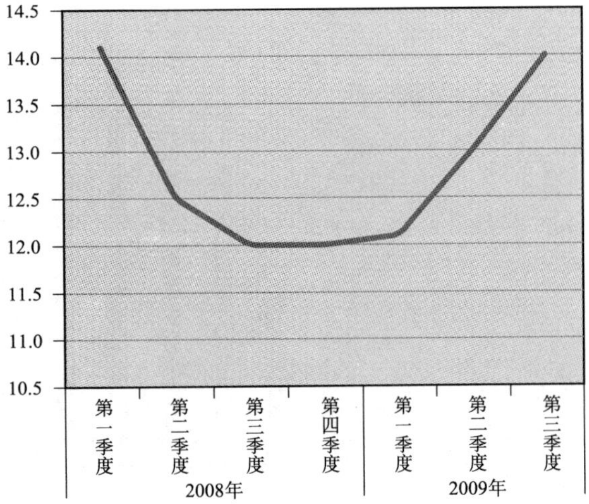

资料来源：约旦政府，2009a。

目的在于通过向雇主提供社会保险匹配计划规定以增加低技能工作者（受教育程度为中等教育以下水平）的就业机会。该计划对农业部门中人数较多的妇女予以重点扶持。国家职业与培训计划同样针对贫困边远地区的妇女，通过培训促进妇女自雇谋生。

维持社会保障的扩展

将社会保障覆盖面扩展至之前未纳入保障的群体，尽管这并不与危机直接相关，但这是政府社会保障计划的一个重要部分。目前，约旦社会保障公司（JSSC）的计划能够保障大约 45% 的工作人口，不纳入保障的群体主要是非正规就业者、雇主以及自雇工作者（国际社会保障协会，2009）。在此之前，保障范围限制于拥有五名以上雇员的企业，但计划目标是到 2011 年扩展到将 80% 的低于五名雇员的企业也纳入保障体系。2008 年 11 月，在亚喀巴镇开始实施的一项试点计划在这方面取得了惊人的成效：计划扩展到使大约 85% 的小企业（2196 家企业中的 1817 家）能够纳入保障。2009 年 11 月，约旦社会保障公司计划的下一阶段将目标锁定在另外 21000 家企业的工作者。

前进的道路

约旦在危机期间成功地向弱势群体提供了有针对性的支持，并保证了其全民社会保障的承诺。鉴于财政空间有限，约旦通过在预算中安排资金开支增加了公共投资，并向贫困家庭、农业工作者和妇女提供了针对性支持。此外，该国还通过一个计划周密、重点突出的战略保证了分阶段地落实该国全民社会保障。该战略针对王国内部和外部各个地理区域逐步铺开，同时，还受到了国际社会保障协会的认可，原因在于该战略具有活力，并在涉及的所有主要参与者之间创立了合作关系。这表明即使是在财政空间有限的低收入国家，此类计划也具有可行性。

韩国：通过社会安全网缓解对社会造成的影响

劳动力市场复苏较为温和

韩国正从金融危机中缓慢复苏，2009 年第一季度的经济增长率稳定在 0.1%，而第三季度的季度环比增长率为 2.9%。

就业形势相比前一年的低迷状况也有所改善。就业人口在 2009 年 2 月达到最低水平（2270 万）之后，自 2009 年 3 月起开始复苏，到 2009 年 10 月，已经达到 2460 万人左右（见图 1.20）。失业率在 2009 年 3 月达到 4% 的峰值后（2008 年 3 月至 10 月期间的最低值为 3%），从 2009 年 7 月起开始下降，到 2009 年 10 月降至 3.2%。从接受失业救济的人口数量上也可看出劳动力市场的好转：接受失业救济者数量在 2009 年 4 月为 44.5 万人，同年 8 月则降为 38.9 万人。

危机反应

韩国的一揽子财政刺激计划经费相当于 GDP 的 6%（支出与减税），是经济合作与发展组织国家中最高的国家之一。韩国推行的政策措施包括巩固银行运营的稳健性，重组企业部门，加强社会安全网。其中社会安全网应对措施可以细分为：

- 轮岗制：为达到在经济复苏之前维持就业人数的目的，向实施轮岗制的企业提供临时性税收优惠与资金奖励；
- 在公共部门创造就业：向年轻人（在危机中受挫最严重的群体之一）及其他失业者提供就业机会。这一措施包括通过公共部门的实习生计划向年轻人提供 10 万个额外职位，其中 2009 年已经提供 2.3 万个，2009 年增加了社会服务部门的 12.6 万个就业机会。此外，针对公共基础设施项目的绿色新交易政策已经实施，该计划预计在四年内将另外提供大约 100 万个职位。

图 1.20　韩国劳动力市场复苏，2008—2009 年

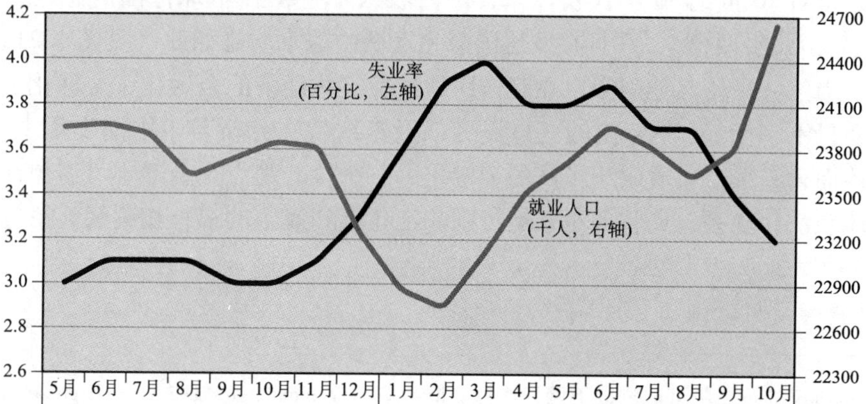

资料来源：韩国中央银行，2009。

- 加强社会安全网：向失业者（2009年为15万）提供新增培训，向中小企业提供奖励以保留工作者，并为已贬值的房地产价值提供政府担保。韩国自1997年危机后已加强了失业保险措施。但是由于严格的资格条件限制，到目前为止只有58%的工薪工作者能够纳入失业保险的保障范围，最长期限为六个月，工资补偿率大约为40%。

成效

有观点认为，该一揽子刺激计划（包括通过2009年2月“主要社会共识”[1]计划而采取的轮岗制与限制薪酬制度）在降低就业流失人数上取得了成功。评估表明，如果没有采取该一揽子刺激计划，2010年韩国的失业人口数量将增加14.8万到32.6万（经济合作与发展组织，2009d）。然而，该计划将保留就业的重要性置于增加工资之上，2009年第二季度工资与上年同期相比下降了3.7%的事实也能反映这一点。[2]

前进的道路

韩国的情况表明，其正通过雄心勃勃的一揽子刺激计划以实现经济复苏。韩国大规模地创造就业及保留就业人口的计划在减少失业人数方面取得了成功。但令人担忧的一个信号是工资在下降，尽管政府强调这只是暂时现象。

三、构建可持续性复苏

如上一节所述，《全球就业协议》的一些关键部分，即优先考虑就业和建立社会保障制度等因素在复苏过程中发挥了核心作用。当然，《全球就业协议》的原则和目标远远不止是制定政策以促进快速复苏。该协议为塑造一个公平、可持续的全球化进程构建框架。然而为实现这个目标，必须解决多个基础的结构性问题，即当前危机的成因。

就这一点而言，《2008年世界劳工报告》（国际劳工组织，2008d）重点强调了过去20年来逐渐形成而目前仍在恶化的经济与社会不平衡现象。特别是自20世纪80年代初以来，国内收入不平衡在全球范围内急剧发展（上升了几乎两倍），并且在发达国家和发展中国家均是如此（见图1.21）。

当然，一些其他因素也在起作用，包括实体经济的金融化，全球化及就业质量不平衡等。[3]本年度的《世界劳工报告》旨在分析若干中期失衡现象。具体而言，第二章着眼于经济的金融化。一个核心观点是金融不可避免地与实体经济相联系，而它的正常运行则与工作者和雇主的福祉相关联。第三章

1 本协议的英文版可通过以下网址查阅：http://www.molab.go.kr/english/english/Information/news_view.jsp? idx=2888（2009年11月16日）。

2 国际劳工组织，2009a。

3 国际劳动组织（2008d）对导致危机的各种因素有详细的说明。

图 1.21　收入不平衡现象已在全球范围内加剧

（基尼系数，指数：20 世纪 80 年 = 100）

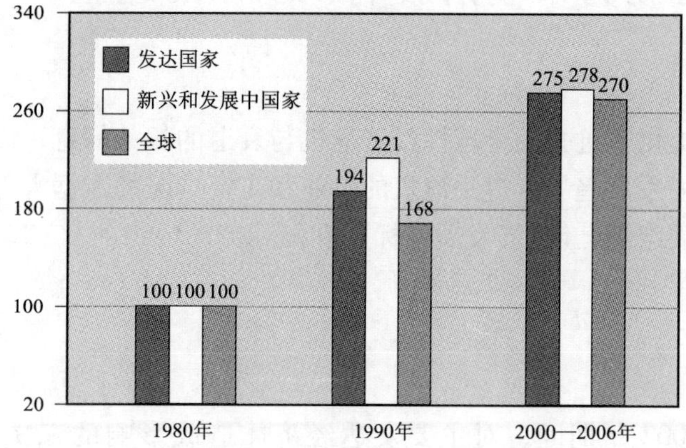

注：本图所示为基尼系数（按 GDP 加权）的发展，按不同的发展水平排列，分别采用了 1980—1989 年、1990—1999 年及 2000—2006 年的平均值。以 1980—1989 年期间的基尼系数为 100。

资料来源：国际劳工问题研究所基于世界银行数据的估算，2008。

分析了国际贸易协定的劳动力条款和发展金融机构在使全球化更加公平方面能够发挥的作用。第四章则对面向绿色经济与创造就业的政策之间的联系进行了评估。

附录 A
危机对劳动力市场的影响：以往的经验

本附录提供了过去的全球性经济危机与衰退的相关信息，以期有助于分析当前危机的发展趋势。过去危机的失业和工资情况的数据大部分来自于经济合作与发展组织，《世界发展指标》和国际劳动组织的《劳动力市场关键指标》数据库。

失业情况

- 1975—2007 年期间，对主要发达经济体造成影响的三次经济危机中（这三次危机与当前危机相比更加区域化），失业水平实现恢复所需的时间为五至八年（见图 A1.1，第一组）。但是，三次危机中有两次（前两次），失业率没有恢复到危机前的水平。
- 亚洲金融危机中也出现了类似的趋势。在那次危机中，失业率随着1996 年的经济滑坡开始恶化，甚至在 11 年之后，失业率仍没有恢复到危机前水平的一半（见图 A1.1，第二组）。

就业情况

- 主要发达经济体在之前的经济衰退期时，其就业率下降了 1%，并且需要两到三年的时间恢复（见图 A1.1，第三组）。
- 在一些亚洲国家，特别是泰国，就业水平跌至 6%，且花了长达五年时间才恢复（见图 A1.1，第四组）。这些亚洲国家的就业率甚至在其失业率开始上升的两年之前就大幅下降，而其就业率在 13 年之后仍未扭转下降的趋势（见图 A1.1，第五组）。

工资

劳动力市场衰退期间出现工资下降现象的原因很多。首先，有些公司可能选择支付更少的工资但能维持就业水平，而有些工作者可能愿意减少工资以保住工作。[1]这便迅速地产生了影响，于是工资下降先于就业流失发生，但先发生的程度有限。[2]其次，如果工作者重新就业时接受更低的工资，还将再度发生工资下降现象。[3]

---

1 这种情形可能通过雇主和工作者之间的集体劳动协议的形式出现，或可能通过旨在以牺牲工资的方式而在短期内保护就业的政府政策的支持来实施（克鲁格曼，2009）。

2 由于长期及普遍性的衰退，工资下降不可能长期妨碍就业水平，也不可能损害工作者的购买力。请参阅《保卫人民，促进就业》，2009e，9 月以及国际劳工组织向 20 国集团领导人峰会提交的报告。

3 根据 Wachter 等人（2009）的观点，把失去工作的工作者与条件相似但未失去工作的工作者相比较时，作者们发现前者的年收入马上损失了 30%。15—20 年之后，损失比例仍有 20%，因此表明失去工作的工作者的终身资源受到极大的损害。

图 A1.1　危机过后劳动力市场恢复所需时间

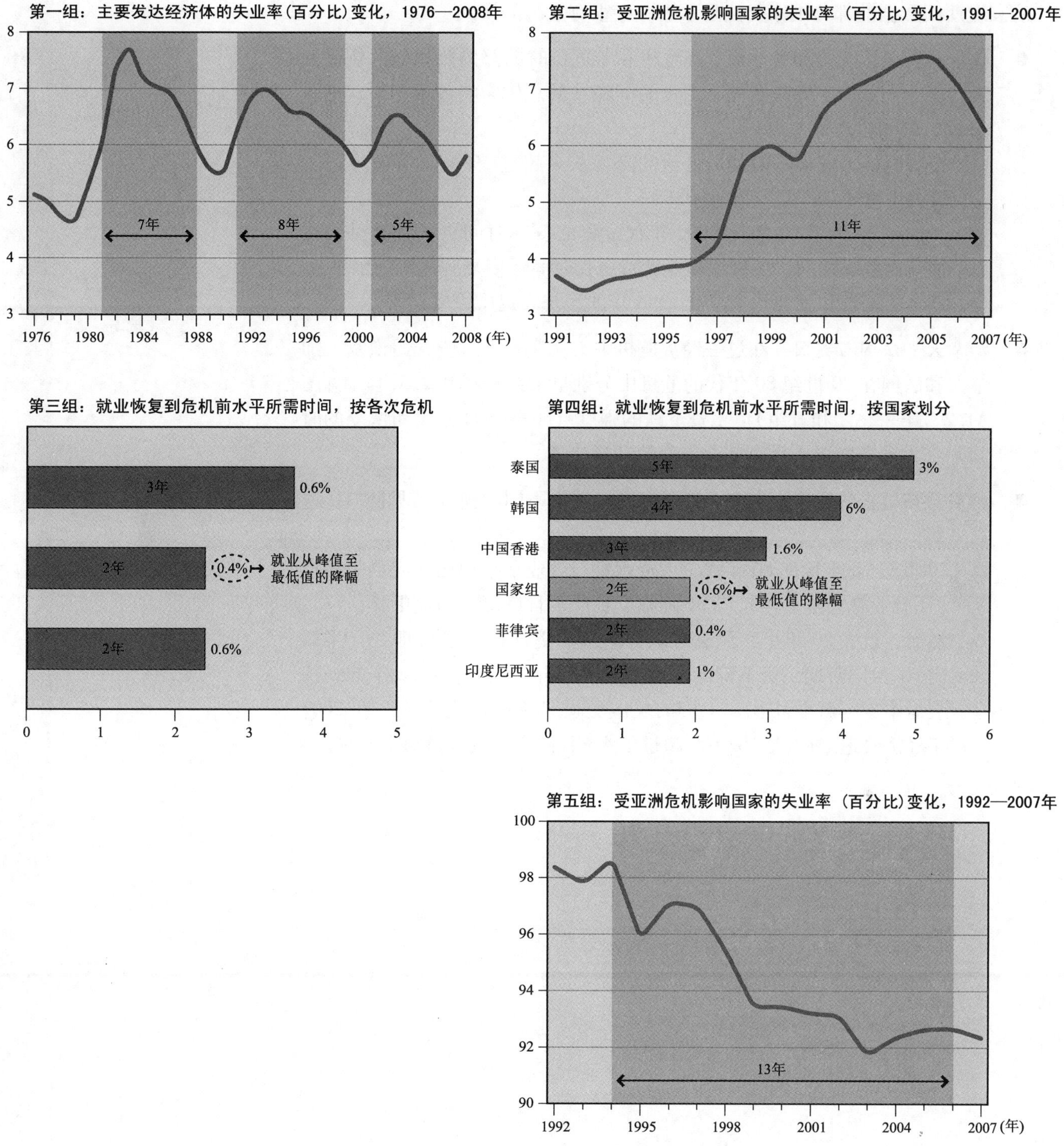

注：危机的起始点为经济增长持续减速的第一个时间点。按国家分组的失业率相当于各国加权平均数。

资料来源：国际劳工问题研究所基于经济合作与发展组织、《世界发展指标》以及国际劳动组织的《劳动力市场关键指标》数据库的估算。

危机时期工资的发展在不同国家差异巨大。尽管这是包括现有劳动力市场机构、社会计划、改革措施等多个重要因素共同起作用的结果，但具备经济衰退期间数据的部分国家仍然显示出一些很有意思的模式：[1]

- 日本与美国：工资和就业似乎在危机和非危机时期都按照相似的轨迹发展，就业人数的下降略微先于工资的下降（其总体影响各不相同，见图A1.2，第四组与第六组）：
  - 在美国，工资从峰值到最低值的降幅从未超过2%；而在日本，工资的下降更为严重（2%—3%）；
  - 美国在20世纪80年代和90年代危机的复苏时间更长（此外，在这几次危机期间，工资比就业耗费更长时间才恢复到危机前水平）；
  - 日本的工资和就业均未能从1998年的经济衰退中恢复过来。
- 加拿大、法国与英国：在过去经济危机中，就业先于工资开始恢复：加拿大和法国在20世纪80年代的危机中分别早大约一年和2.5年（见图A1.2，第一、二和五组）。工资下跌的强度（下降的百分比和恢复的时间）在大多数情况下没有就业下降的情形严重。[2]
- 德国：在过去的经济衰退中，工资发展呈现出不同的模式（见图A1.2，第三组）：
  - 20世纪70年代和80年代，工资水平与就业水平相比反应更为缓慢（比就业晚五至七年），但下降幅度更严重且恢复时间也更长；
  - 然而，过去20年里，危机对工资的影响更加迅速了（即一年半以内），但同时期工资下降的强度却各不一样。例如，1992年的经济衰退中，与就业相比，工资的反应更慢且恢复时间更短；在2003年经济衰退之后，工资下跌超过了4%且尚未恢复到危机前水平。

---

1 在美国1990年的经济衰退案例中，政府实行强制性加税，为未来的失业保障措施准备资金。这些政策也包括雇主为雇员缴纳更高的社会保险。因此，雇主被迫支付更高的劳动力成本，结果受雇或复职的工作者更少了，而且工资维持在原来水平的工作者数量也更少了（Sonmez Atesoglu，2006）。

2 例外情形包括英国在1974—1976年的危机中工资下降了7%而就业下降了1%，加拿大在1983—1985年的危机中工资完全恢复所需的时间是恢复就业所需时间的两倍（即六年）。

图 A1.2　所选择国家的工资恢复到危机前水平所需时间，按各次危机划分

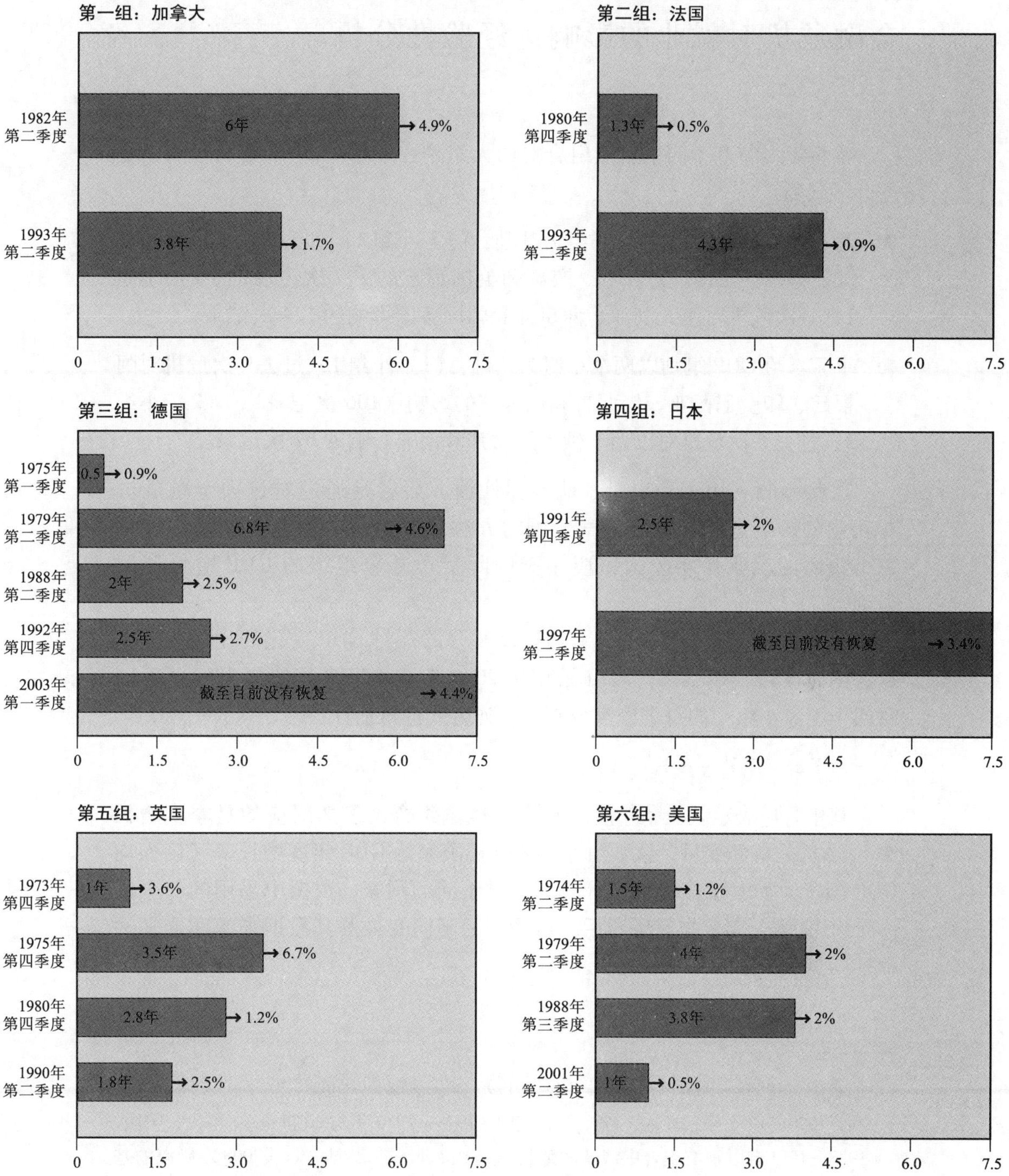

注：工资相当于私营部门的实际报酬率。X 坐标轴所示数据为工资开始呈下降趋势的具体时间。百分比相当于工资从峰值至最低值的总体降幅百分比。

资料来源：国际劳工问题研究所的估算；经济合作与发展组织，2009c。

附录 B
金融危机对就业的影响：经验性分析

本章第二节基于四个重点组合对两大组别在2009—2014年期间的就业进行了预测：

- 高人均GDP组别以两个小组为基础：（1）小组1：过去8次危机对加拿大、德国、法国、意大利、美国和英国影响的372次记录；[1]（2）小组2：一次危机对澳大利亚、西班牙和韩国各国影响的174次记录；[2]
- 中等人均GDP组别以两个小组为基础：（1）小组1：过去9次危机对阿根廷、印度尼西亚、墨西哥和土耳其的影响（106次记录）；[3]（2）小组2：过去6次危机对巴西、俄罗斯联邦和南非影响的67次记录。[4,5]

这些预测利用了产出量—就业弹性值，后者是通过对过去金融危机对就业的影响进行计量经济学分析的方法估计出来的。这些预测通过将每个集团的就业弹性按国家应用于国际货币基金组织的GDP增长预测得到。[6]

对上文列出的四个小组，其就业增长（e_{it}^{L}）对GDP变化的比例利用奥肯法则面板回归模型来计算（采用了2009年在埃斯库德罗提出的方法）。对四个国家小组中的每个国家分别用下列公式进行估计：

（1）$e_{it}^{L} = \beta_1 Y_{it} + \beta_2 Y_{it-n} + \varepsilon_{it}$

其中，L_{it}表示就业和年度增长率（国家组合1和2对应的是季度增长率），ΔY_{it}是解释变量，该数值通过被分析国家的GDP年度增长率（高人均GDP国家为季度增长率）来计算。针对不同的国家，数据中采用的一个或多个GDP增长率数据有所滞后。对采用的不同变量及其数据来源和定义的概述参见表B1.1。

---

1 加拿大，1983—1985年；法国，1994—1995年；德国，20世纪70年代末期；意大利，1990—1995年；日本，1992年；英国，1974—1976年与20世纪80年代；美国，1988—1991年。所有组合中涉及的危机都是在Laeven和Valencia（2008）研究的基础上进行划分。

2 澳大利亚，1989—1992年；韩国，1997—2002年；西班牙，1977—1985年。

3 阿根廷，1980—1982年；阿根廷，1989—1990年；阿根廷，1995年；阿根廷，2001年以后；印度尼西亚，1994年；印度尼西亚，1997—2002年；墨西哥，1994—2000年；土耳其，1982—1985年；土耳其，2000年以后。土耳其1994年遭受的危机未包含在分析中，因其破坏了模型的稳健性。

4 巴西，1990年；巴西，1994—1999年；俄罗斯联邦，1995年；俄罗斯联邦，1998—1999年和南非1989—1995年。

5 请注意高人均GDP组别包含的信息中前两次危机的记录更多，因为前两次危机是基于季度信息而非年度信息进行分析。

6 国际货币基金组织对特定国家的年度预测利用“有效周期利率”计算转换成季度增长率，然后用于确定未来就业的季度增长率。

表 B1.1　回归分析中采用的变量的定义及其数据来源

变量	定义	数据来源
GDP 年度增长率	按本国货币和稳定价格计算得出的 GDP 年度增长率	《全球经济展望》（WEO），国际货币基金组织，2009b
GDP 季度增长率	利用“有效周期率”计算将年度预测数据转换为季度增长率	国际劳工研究所基于国际货币基金组织的《全球经济展望》（2009b）的计算
高人均 GDP 国家的就业增长率	就业总人数的季度增长率	《经济展望》第 85 期，经济合作与发展组织，2009c
中人均 GDP 国家的就业增长率	就业总人数的年度增长率	《经济展望》第 85 期，经济合作与发展组织，2009c（墨西哥）；《世界发展指标》，世界银行（阿根廷）；国际劳工组织，劳工统计年鉴数据库（巴西、印度西尼亚、俄罗斯联邦和土耳其）
金融危机的频率	所分析国家的金融危机时间表	作者基于 Laeven 和 Valencia 2008 年的研究得出的估算数据

为了构造面板模型，危机年份前后的就业增长率数据集合在一起并以 t0 为中心。这一特定危机的中心时期代表国家经历最低 GDP 年度/季度增长率的年份。通过这种方法，高人均 GDP 国家的平均 51 个就业增长记录（t－25 到 t＋25）与中等人均 GDP 国家在危机期间平均 13 个就业增长记录（t－6 到 t＋6）构成了一个面板模型。表 B1.2 所示为表述这些弹性值的计量经济学估计值的综述。

表 B1.2　回归结果[1,2]

	高人均 GDP		中人均 GDP	
	小组 1	小组 2	小组 1	小组 2
GDP（季度/年度增长率）	0.132 (6.30)**	0.292 (6.58)**	0.219 (5.13)**	0.229 (4.26)**
GDP 的滞后值 1	0.139 (6.75)**	0.216 (4.69)**		
GDP 的滞后值 2	0.102 (4.97)**	0.153 (3.44)**		
GDP 的滞后值 3	0.078 (3.80)**			
GDP 的滞后值 4	0.042 (2.11)**			
常量	－0.143 (－4.83)**	－0.346 (－4.95)**	1.06 (3.88)**	0.677 (2.15)*
固定效应	是	是	是	是
观测值	372	147	106	67
危机数量	8	3	9	6

注：[1] 基于普通最小二乘法估计。所有回归都针对国家固定效应进行控制。圆括号中为 t－统计数据的绝对值。显著性水平：* 5% 为显著；** 1% 为显著。[2] 国家小组参见上文或专栏 1.1。

表 B1.3 各个估计值[1,2]

第一组：高人均 GDP 国家，小组 1

	基线方程（异方差性）	广义最小二乘估计	广义最小二乘估计（异方差性）	广义最小二乘估计（自相关误差）
GDP（季度增长率）	0.132 (6.30)**	0.146 (6.65)**	0.111 (6.18)**	0.083 (5.81)**
GDP 的滞后值 1	0.139 (6.75)**	0.154 (7.13)**	0.126 (7.18)**	0.114 (7.50)**
GDP 的滞后值 2	0.102 (4.97)**	0.117 (5.41)**	0.110 (6.20)**	0.110 (7.16)**
GDP 的滞后值 3	0.078 (3.80)**	0.090 (4.18)**	0.098 (5.55)**	0.091 (5.97)**
GDP 的滞后值 4	0.042 (2.11)*	0.053 (2.56)*	0.065 (3.83)**	0.050 (3.72)**
常数	-0.143 (-4.83)**	-0.181 (-5.99)**	-0.178 (-6.90)**	-0.159 (-4.69)**
观测值	372	372	372	372
危机数量	8	8	8	8

第二组：高人均 GDP 国家，小组 2

	基线方程（异方差性）	广义最小二乘估计	广义最小二乘估计（异方差性）	广义最小二乘估计（自相关误差）
GDP（季度增长率）	0.292 (6.58)**	0.282 (6.16)**	0.300 (7.15)**	0.279 (6.51)**
GDP 的滞后值 1	0.216 (4.69)**	0.208 (4.36)**	0.215 (4.91)**	0.222 (5.25)**
GDP 的滞后值 2	0.153 (3.44)**	0.149 (3.26)**	0.125 (2.99)**	0.135 (3.17)**
常数	-0.346 (-4.95)**	-0.327 (-4.67)**	-0.381 (-5.76)**	-0.371 (-4.66)**
观测值	147	147	147	147
危机数量	3	3	3	3

第三组：中人均 GDP 国家，小组 1

	基线方程（异方差性）	广义最小二乘估计	广义最小二乘估计（异方差性）	广义最小二乘估计（自相关误差）
GDP（年度增长率）	0.219 (5.13)**	0.211 (5.12)**	0.164 (5.24)**	0.178 (5.61)**
常数	1.06 (3.88)**	1.09 (4.03)**	1.17 (6.35)**	1.16 (5.71)**
观测值	106	106	106	106
危机数量	9	9	9	9

第四组：中人均 GDP 国家，小组 2

	基线方程（异方差性）	广义最小二乘估计	广义最小二乘估计（异方差性）	广义最小二乘估计（自相关误差）
GDP（年度增长率）	0.229 (4.26)**	0.236 (5.31)**	0.111 (2.58)*	0.096 (2.65)**
常数	0.677 (2.15)*	0.656 (1.99)*	1.73 (5.66)**	1.80 (5.04)**
观测值	67	67	67	67
危机数量	6	6	6	6

注：[1]所有回归都针对国家固定效应进行控制。圆括号中为t－统计数据（在自回归测试中为z－统计数据）的绝对值。显著性水平：* 5%为显著；** 1%为显著。[2]国家小组请参见上文。

考虑到数据集合的独特性，再次开展了回归计算以对异方差性进行解释。为确保一个或多个国家没有影响到结果，通过一次减少一个被分析国家的方法估计缩减的回归。此外，表 B1.3 所示为自相关误差项的广义最小二乘估计值和控制变量。在表 1.3 的所有组中可以看到，所有系数均维持在高显著性水平，且不同的估计方法之间的估计效应的绝对大小几乎没有变化，这给定了估计效应的置信区间。

参考文献

Albaek, K.; Sørensen, B.E. 1998. "Worker flows and job flows in Danish manufacturing, 1980-91", in *The Economic Journal*, Vol. 108, No. 451, pp. 1750–1771.

Australia, Government of. 2009. *Budget and strategy outlook 2009–10*. Available at: http://www.ato.gov.au/budget/2009-10/content/overview/html/index.htm [9 Nov. 2009].

Australian Bureau of Statistics. 2009. *Labour force survey: Time series spreadsheets* (Canberra). Available at: http://www.abs.gov.au/AUSSTATS/abs@.nsf/DetailsPage/6202.0Sep%202009?OpenDocument [9 Nov. 2009].

Baccheta, M.; Ernst, E.; Bustamante, J.P. 2009. *Globalization and informal jobs in developing countries*, International Labour Organization (ILO), International Institute for Labour Studies (IILS) and World Trade Organization (WTO), (Geneva).

Banco Central do Brasil (Bank of Brazil). 2009. *Economic indicators and BCB bulletin – Monthly report*. Available at: http://www.bcb.gov.br/?english [9 Nov. 2009].

Bank of Korea. 2009. *Economic statistics system*. Available at: http://ecos.bok.or.kr/ [17 Nov. 2009].

Barcena, A.; Lopez, L.; Kacef, O.; Malchik, S. 2009. *The reactions of the Governments of the Americas to the international crisis: An overview of policy measures up to 31 May 2009*, United Nations, ECLAC.

Bartolini, L.; Razin, A.; Symansky, S. 1995. "G7 fiscal restructuring in the 1990s: Macroeconomic effects", in *Economic Policy*, Vol. 10, No. 1, pp. 111–146.

Betcherman, G.; Islam, R (edt). 2001. *East Asian labour markets and the economic crisis: Impacts, responses and lessons*, International Labour Organization (ILO), International Institute for Labour Studies (IILS) and the World Bank, (Washington).

Bertola, G.; Rogerson, R. 1997. "Institutions and labor reallocation", in *European Economic Review*, Vol. 41, No. 6, pp. 1147–1171.

Brière de la, B.; Rawlings, L.B. 2006. *Examining conditional cash transfer programs: A role for increased social inclusion?*, in Social Protection Discussion Paper 0603 (Washington, DC, The World Bank).

Daly, M.; Hobijn, B.; Kwok, J. 2009. "Jobless recovery redux?", in *Economic Letter*, No. 18 (San Francisco, CA, Federal Reserve Bank of San Francisco).

De Janvry, A; Sadoulet, E. 2005. *Conditional cash transfer programs for child human capital development: Lessons derived from experiences in Mexico and Brazil*, paper presented at the Grupo de Análisis para el Desarrollo (GRADE) 25th Anniversary Conference, "Investigación, politicas y desarrollo", Lima, 15–17 Nov.

Diamond, D.W.; Rajan, R. 2009. *The credit crisis: Conjectures about causes and remedies*, in National Bureau of Economic Research (NBER)Working Paper No. 14739.

Ebert F.; Torres R.; Papadakis K. 2008. *Executive compensations: Trends and policy issues*, Discussion Paper No. 190 (Geneva, International Institute for Labour Studies, ILO).

Economic Commission for Latin America and the Caribbean (ECLAC)/ILO. 2009. "The employment situation in Latin America and the Caribbean. Crisis in the labour markets and countercyclical responses", *Bulletin*, No. 2. Available at: http://www.eclac.cl/publicaciones/xml/1/37301/2009-639-Bulletin_2_ECLAC-ILO-WEB.pdf [9 Nov. 2009].

Elmeskov, J. 2009. *The general economic background to the crisis*, paper presented at the G20 Workshop on the Global Economy, Mumbai, 24–26 May.

Elsby, M.; Hobijn, B.; Sahin, A. 2008. *Unemployment dynamics in the OECD*, in National Bureau of Economic Research (NBER) Working Paper No. 14617.

Ernst, E.; Charpe, M. 2009. *Global economic linkages: A model of employment and income dynamics in open economies*, Discussion Paper No. 198 (Geneva, International Institute for Labour Studies, ILO).

Escudero, V. 2009. *Effects of the crisis on the financial sector: Trends and policy issues*, Discussion Paper No. 197 (Geneva, International Institute for Labour Studies, ILO).

Hailu, D.; Soares, F. 2008. *Cash transfers: Lessons from Africa and Latin America*, Working Paper No 15 (Brasilia, International Poverty Centre, UNDP).

Horton, M.; Manmohan K.; Paolo M. *The state of public finances: A cross-country fiscal monitor*, IMF Staff Position Note, July 2009.

Instituto Brasileiro de Geografia e Estatística (Brazilian National Statistical Office). 2009. *Monthly Employment Survey*. Available at: http://www.ibge.gov.br/english/#divtema_indicadores [9 Nov. 2009].

International Labour Organization 1993. 15th International Conference of Labour Statisticians: Highlights of the Conference and text of the three resolutions adopted, paper presented at Bulletin of Labour Statistics 1993-2, IXXXIV (Geneva).

—. 2008a. *Economically active population estimates and projections, 1980–2020*, 5th edition, update August 2008 (Geneva).

—. 2008b. *Global wage report 2008/09: Minimum wages and collective bargaining: Towards policy coherence* (Geneva).

—. 2008c. *World of Work Report 2008: Income inequalities in the age of financial globalization*, (Geneva, International Institute for Labour Studies).

—. 2008d. *A global policy package to address the global crisis* (Geneva).

—. 2009a. *The financial and economic crisis: A decent work response* (Geneva, International Institute for Labour Studies).

—. 2009b. *Thematic assessment on protection of unemployed workers (unemployment benefits, social assistance, other benefits)* (Geneva, ILO Social Security Department).

—. 2009c. *Recovering from the crisis: A Global Jobs Pact*, adopted by the International Labour Conference at its Ninety-eighth Session, Geneva, 19 June.

—. 2009d. *Extending social security to all: A review of challenges, present practices and strategic options*, paper presented at the ILO Tripartite Meeting of Experts on Strategies for the Extension of Social Security Coverage, Geneva, 2–4 Sep.

—. 2009e. *Protecting people promoting jobs: A survey of country employment and social protection policy responses to the global economic crisis*, ILO report to the G20 Leaders' Summit, Pittsburgh, 24–25 Sep.

—. 2009f. (forthcoming). *Social security around the world: Facts and figures* (Geneva, ILO Social Security Department).

International Monetary Fund (IMF). 2008. *World Economic Outlook: Financial stress, downturns, and recoveries* (Washington, DC, October).

—. 2009a. *World Economic Outlook: Crisis and recovery* (Washington, DC, April).

—. 2009b. *World Economic Outlook: Sustaining the recovery* (Washington, DC, October).

International Social Security Association (ISSA). 2009. *Social security: Outreach to all (strategy of extending social security coverage) – A case of the Social Security Corporation*. Available at: http://www.issa.int/aiss/content/download/82378/1596308/file/2%20-%20Jordan-JSSC3.pdf [11 Nov. 2009].

Jordan, Government of. 2009a. *Quarterly and yearly unemployment rates*, Department of Statistics. Available at: www.dos.gov.jo/dos_home_e/emp_e_091.htm [10 Nov. 2009].

—. 2009b. *Social policies initiatives taken to the crisis in Jordan and the importance of cooperation between all stakeholders* (Ministry of Social Development). Available at: http://portal.unesco.org/shs/en/files/12923/12553626311Hala_Bsaisu_Lattouf.pdf/Hala%2BBsaisu%2BLattouf.pdf [17 Nov. 2009].

Kalecki, M. (1945). "Full employment by stimulating private investment?", in *Oxford Economic Papers*, Vol. 7, pp. 83–92 (Oxford, Oxford University Press).

Kamerman, S.; Gabel, S. 2006. *Social protection for children and their families: A global overview*, paper presented at the UNICEF conference on Social Protection Initiatives for Children, Women, and Families: An Analysis of Recent Experience, New York, 30–31 Oct.

Kaplan, N.; Levine, D. 1980. *Recession and recovery*. Bernstein Global Wealth Management. (New York).

Khatiwada, S. 2009. *Stimulus packages to counter global economic crisis: A review*, Discussion Paper No. 196 (Geneva, International Institute for Labour Studies, ILO).

Krugman, P. 2009. "Falling wage syndrome", *New York Times*, 4 May 2009.

Laeven, L.; Valencia, F. 2008. "Systemic Banking Crises: A New Database", IMF Working Paper, No. 08/224 (Washington, DC).

Lomeli, E.V. 2008. "Conditional cash transfers as social policy in Latin America: An assessment of their contributions and limitations", in *Annual Review of Sociology*, Vol. 34, No. 1, pp. 475–499.

Mesa-Lago, C. 2008. *Social insurance (pensions and health), labour markets and coverage in Latin America*, Social Policy and Development Programme Paper No. 36 (Geneva, United Nations Research Institute for Social Development (UNRISD)).

Minsky, H.P. 1968. "Effects of shifts of aggregate demand upon income distribution", in *American Journal of Agricultural Economics*, Vol. 50, No. 2, pp. 328–339.

—. *Policy and poverty* (unpublished manuscript).

Natixis, 2009. *How do you explain the resilience of the German job market?* Special Report No. 194. Available at: http://cib.natixis.com/flushdoc.aspx?id=47489 [10 Nov. 2009].

Organisation for Economic Co-operation and Development (OECD). 2009a. *Strategies for aligning stimulus measures with long term growth*. Available at: http://www.oecd.org/dataoecd/12/62/42555546.pdf [11 Nov. 2009].

—.2009b. *Economic Outlook*, No. 85 (Paris, June).

—.2009c. *Economic Outlook*, No. 86 (Paris, December).

—.2009d. *Employment Outlook*: *Tackling the jobs crisis* (Paris).

Petrongolo, B.; Pissarides, C.A. 2008. "The ins and outs of European unemployment", in *American Economic Review*, Vol. 98, No. 2, pp. 256–262.

Pissarides, C.A. 1986. "Unemployment and vacancies in Britain", in *Economic Policy*, Vol. 1, No. 3, pp. 499–541.

Rani, U. 2008. "Impact of changing work patterns on income inequality", Discussion Paper No. 193 (Geneva, International Institute for Labour Studies, ILO).

Reinhart, C.M.; Reinhart, V. 2008. *Capital inflows and reserve accumulation: The recent evidence*, NBER Working Paper No. 13842 (Cambridge, MA).

—. 2009. "Is there scope for fiscal stimulus for debt-intolerant countries?, VOX Research Paper. Available at: http://www.voxeu.org/index.php?q=node/3893 [11 Nov. 2009].

Reinhart, C.M.; Rogoff, K.S. 2008. *Banking crises: An equal opportunity menace*, NBER Working Paper No. 14587, (Cambridge, MA).

Schlisserman, C. 2009. *Confidence among U.S. consumers rose on jobs outlook* (Update 1), Bloomberg.com Worldwide, 25 Aug.

Shimer, R.J. 2005. "The cyclical behaviour of equilibrium unemployment and vacancies", in *American Economic Review*, Vol. 95, No. 1, pp. 25–49.

Sonmez Atesoglu, H.; Smithin, J. 2006. "Real wages, productivity and economic growth in the G7, 1960–2002", in *Review of Political Economy*, Vol. 18, No. 2, pp. 223–233.

Spilimbergo, A.; Symansky, S.; Blanchard, O.; Cottarelli, C. 2008. "Fiscal policy for the crisis", IMF Staff Position Note No. SPN/08/01 (Washington, DC).

Tasci, M.; Fee, K. 2009. *The incidence and duration of unemployment over the business cycle* (Federal Reserve Bank of Cleveland).

Tcherneva, P. 2008. *Keynes's approach to full employment: Aggregate or targeted demand*, Working Paper No. 542, (New York, The Levy Economics Institute).

Titelman, D. 2007. *Financing health and social protection in Latin America and the Caribbean: Organization, financing and sustainability of social health insurance systems in LAC*, paper presented at the PAHO/WHO seminar Health for All: Can it be financed? Fiscal Space and the Financing of Universal Health Care Systems in the Americas: Issues and Policies, Washington DC, 29–30 Nov.

Tokman, V.E. 2007. "The informal economy, insecurity and social cohesion in Latin America", in *International Labour Review*, Vol. 146, No. 1–2, pp. 81–107.

United Nations. 2009a. *World Economic Situation and Prospects 2009 – Update as of mid-2009* (New York, UNDESA, January).

—. 2009b. *LINK Global Economic Outlook* (New York, UNDESA, October).

Wachter, von T.; Song. J.; Manchester, J. 2009. *Long-term earnings losses due to mass layoffs during the 1982 recession: An analysis using U.S. administrative data from 1974 to 2004*. Available at: http://www.columbia.edu/~vw2112/papers/mass_layoffs_1982.pdf [11 Nov. 2009].

World Bank. 2008. "Data – World Development Indicators 2009", *World Development Indicators Online* (WDI). Available at: http://go.worldbank.org/U0FSM7AQ40 [11 Nov. 2009].

Wray, L.R. 2007. *Minsky's approach to employment policy and poverty: Employer of last resort and the war on poverty*, Working Paper No. 515 (New York, The Levy Economics Institute).

World Trade Organization (WTO). 2009. *World Trade Report: Trade Policy Commitments and Contingency Measures* (Geneva).

第二章
使金融业为实体经济服务：政策的挑战 *

主要研究成果

- 正如第一章所述，发达国家向金融业提供了巨大的支持，这是为应对危机所做努力的一部分。本章目的在于说明为保证金融业支持实体经济的可持续发展，目前需要采取的结构性举措。
- 的确，危机凸显出“金融化”的负面作用，“金融化”使金融市场对非金融行业的运营发挥了越来越重要的作用。首先，金融化缩减了实体经济的发展规模。金融业占公司利润总额的比重在危机前达到42%，而在20世纪80年代初期时仅占25%。其次，金融业利润占所有私营部门工作者工资总额的比例自1900年的24%上涨到2005年的40%。金融部门吸引了众多素质极佳的人才，最负盛名的商学院的毕业生中有40%就职于金融业。非金融业的实际工资水平在过去15年左右的时间尚在原地徘徊，但金融业的工资却大幅增长，其中主管人员、交易员及其他合格金融职员的实际报酬不断增长并带动了金融业工资的增长。
- 其次，非金融业部门越来越被资本市场以及快速获取更高账务收益的需求所驱动。
  - 21世纪最初十年间，发达国家的非金融业公司将利润用以投资实体发展的比例尚不足40%，比20世纪80年代初期时降低了8%。相比之下，所有发达经济体都增加了红利支出额。在某些国家，大部分新增利润都用以支付红利。
  - 更迅速地获取更高财务回报的压力越来越大，这对非金融业的工资水平与工作稳定性产生不成比例的影响，而非金融业拥有大多数工

* 作者在此感谢 Dawn Gearhart 出色的研究协助工作。

作者。1980—2005 年期间，发达经济体的工资降低了九个百分点。本章阐述了工资下跌与金融化程度之间的关系。此外，在工会密度最高的国家，其金融化发展最慢，反之，则金融化增长最快。这种现象表明，实体经济的社会对话可能有助于缓解金融化带来的部分压力。

○ 杠杆收购（LBO）在全球范围内迅猛发展，其证明了金融对实体经济起到越来越重要的作用。近 70% 的 LBO 交易（总金额为 2.7 万亿美元）发生在 2001 年之后。LBO 对就业与工资具有直接的影响，它可能导致与员工重新协商劳动合同与工资，并裁减公司职工，以此作为重组交易的部分内容，还可能对职工的退休金计划与退休福利造成负面影响。

● 这些发展趋势均对经济无益且对社会有害。这些发展趋势正是危机的核心。为了应对这些趋势，所做的工作还不够。正如本章所述，那些旨在监管金融业，并力图使金融业的激励作用能够支持实体经济的大部分危机后措施仍然还只是考虑之中，尚未付诸实施。显然，为了促进经济复苏并使全球经济更公平、更有效率，对金融业继续进行改革至关重要。

引　言

从金融业角度来看，金融与经济危机凸显了全球经济发生的结构性变化。特别是金融市场与机构对实体经济（即工人、企业家与企业）的运营造成了越来越大的影响。

从更为普遍的意义上来说，若干个系统性问题的存在共同导致了金融危机的爆发，一个广泛的共识是存在两个主要的影响性因素：（1）金融监管不足，这导致风险承担过度，影子银行（诸如私募及对冲基金等）增加，以及形成了与风险承担相一致的报酬机制（Buiter，2008、2009；Diamond 和 Rajan，2009；克鲁格曼，2009；Rodrik，2009；斯蒂格利茨，2008）；（2）公司管理不善，这导致非金融企业过分注重完成季度报告的义务并寻求更迅速更良好的财务收益，却不一定注重并追求企业长期发展需求的利益（Bebchuk，2008、2009；艾普斯坦，2005；Krippner，2005；米尔伯格，2007；Palley，2009；Stockhammer，2007）。

为了超出危机的层面进行展望（正如第一章如强调的）并创建一个具有可持续性且能够更有效服务于实体经济的金融体系，当务之急是从企业、就业与收入来分析金融发展导致的不平衡。本章的目的就是对这些不平衡情形及其对全球就业的影响进行评估。

第一节介绍了经济中“金融化”的定义，并分析了与非金融业相比，金融业不成比例发展的过程。第二节阐述了金融目标在非金融业内部如何逐步实现以及该发展趋势对于全球就业的影响。第三节对金融业主导实体经济的一个特殊案例进行研究，即杠杆收购（LBO）及其发展和对就业与工资的影响。

第一节　与非金融业相比，金融业的发展

如上所述，一些系统性问题促使了发达国家金融业长时间的发展。本章中所讲到的金融业包含金融、保险与地产业。为与文献保持一致，金融业的规模由其所创造的 GDP 价值及其在公司利润总额所占比例衡量。其他方法也可以用以衡量金融业规模，如股票市值或对私营企业的银行放款等，但本章中采用的是范围更广的衡量方法，该方法更有可能涵盖金融业的各方各面。本节分析了金融业发展对实体经济可持续发展的影响。

在过去 30 年里，金融业在 GDP 中所占比重几乎翻了一番……

过去 30 年中，发达经济体的金融业占 GDP 的比重增幅极大。[1] 例如，在美国，金融业占 GDP 比重从 1970 年的 13% 上升到 2007 年的 20%。与此相似，欧盟金融业占 GDP 比重从 1970 年的 15% 上升到 2007 年的 30%，翻了一番。[2] 在新兴经济体，金融业占 GDP 比例约为 10%，在大部分发展中国家，该比例为 5%，甚至更低。

……金融业公司利润占所有公司总利润的比重显著增长……

主要通过金融渠道累积的利润高于通过贸易与商品生产累积的利润（Krippner，2005）。在发达国家，金融业公司利润占所有公司总利润的比重几乎翻番，从 20 世纪 80 年代初期的 25% 增长至 2007 年的 42%（见图 2.1）。例如，在澳大利亚、意大利与日本，2005 年这一比重是 1997 年的两倍；而在西班牙与法国，2005 年这一比重是 1997 年的 1.5 倍；但是在德国，这一数值自 20 世纪 90 年代以来就一直停留在 44% 左右。20 世纪 80 年代至 21 世纪最初十年间，在英国这一数值增长了两倍，高居增长率榜首。

2005 年，金融业公司利润是所有私营部门工作者工资总额的 2/3（见图 2.1）。该比例在 1990 年为 25%，2005 年增至 40%，仅仅 15 年间就发生如此惊人的增长。这些发展都说明了全球经济发生了结构性转型，即金融对实体经济的推动与支持作用转变为驱动作用。

与此同时，在发展中和新兴经济体，金融业公司利润占所有公司总利润的比重有所增长但增长不大，[3] 在一些国家，该比例几乎没有增长。

1　金融业包括金融、保险与地产业（简称为“FIRE”）。在欧盟，金融业还包括对该行业所创造的 GDP 份额有贡献的金融企业服务业。

2　欧盟包括奥地利、比利时、丹麦、芬兰、法国、德国、希腊、爱尔兰、意大利、卢森堡、荷兰、葡萄牙、西班牙、瑞典以及英国。

3　这些国家包括巴西、中国、印度、墨西哥、俄罗斯联邦以及南非。然而，由于数据覆盖面有限，对这些国家进行诸如图 2.1 所示的总体性计算不具可能性。

图 2.1　发达经济体金融业利润不断增长，1990—2005 年

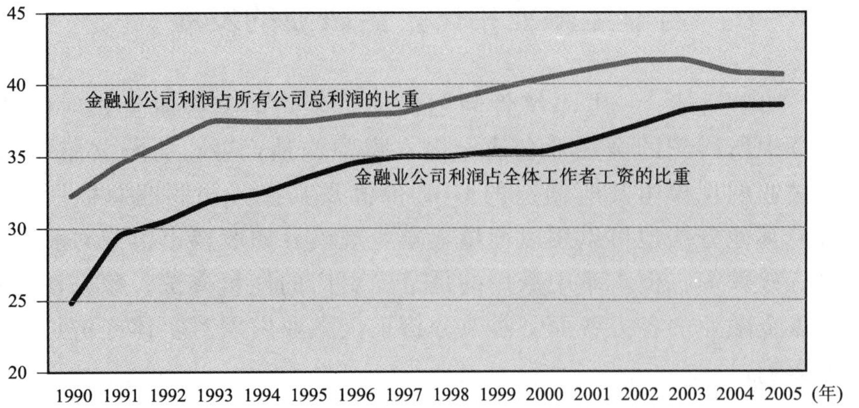

注：金融业包括金融、保险与地产业（FIRE），且利润按总营业盈余（GOS）计算。发达经济体包括澳大利亚、奥地利、比利时、捷克共和国、丹麦、芬兰、法国、德国、希腊、爱尔兰、意大利、日本、荷兰、葡萄牙、西班牙、瑞典、英国和美国。“全体工作者工资”不包括公共部门或政府职员。

资料来源：国际劳工问题研究所基于国民账户数据得出的估算数据。

图 2.2　美国金融公司与非金融公司的实际工资差距，1987—2007 年

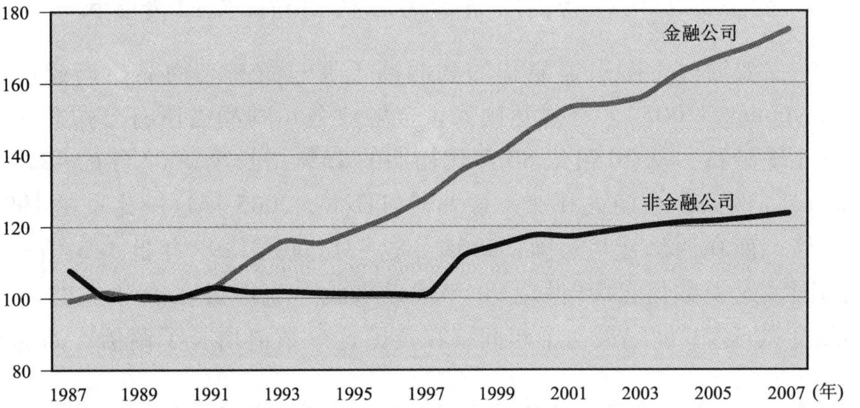

注：数据所示为实际的人均职员报酬，因此并未将兼职就业人口引起的变化计算在内。这可能也是美国非金融业在 1996 年与 1997 年期间真实工资变化的原因。然而，兼职就业人口引起的变化也不可能影响到金融业与非金融业实际工资的相对发展趋势。

资料来源：国际劳工问题研究所基于经济分析局数据得出的估算数据。

……与非金融业工资相比，金融业报酬更丰厚……

随着金融业的发展，金融业与非金融业公司的工资差距也在扩大。例如，在美国该差距在 1987 年为 1.1 万美元，而 2007 年则扩大为 4 万美元（按职员人均年薪计；见图 2.2）。在欧盟，该差距在 1985—2005 年间，翻了一倍。金融业报酬发展的这种趋势一直持续至 2008 年和 2009 年。例如，2008 年，美国问题资产救助计划（TARP）的部分接收者将所获得的政府救助资金用于向职员发放丰厚红利。花旗集团、美林证券（已破产）、富国银行即使是在遭受重大亏损时，仍然向员工发放红利。而高盛、摩根大通以及摩根斯坦利向员工发放的人均红利金额超出了员工的人均收入。

图 2.3　2008 年名列前茅的商学院毕业生的职业选择

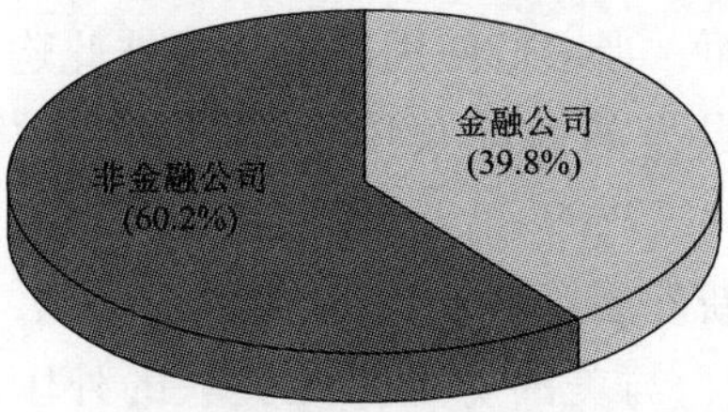

注：该平均数基于世界前十大商学院的商科毕业生的职业选择计算得出；商学院包括中国、法国、英国、美国的大学。但大多数学校学生在非金融业就职的明细数据无法获取。

资料来源：国际劳工问题研究所基于大学网站数据得出的数据。

研究表明，20 世纪 80 年代至 21 世纪最初十年，与美国非金融业相比，金融业的工资增长迅速，并且主管人员的工资并不与公司的绩效挂钩（《2008 年世界劳工报告》）。在 2008 年危机及大萧条爆发前，“金融业职员报酬极高，以至于似乎与可持续劳动力市场平衡不一致”（Philippon 和 Reshef，2009）。[1] 例如，即使不考虑教育水平与其他可观察到的特征，20 世纪 70 年代的金融业职员也比私营部门剩余其他部门职员的收入高出 3%—4%。然而在 20 世纪 80 年代以后，金融管制放松并注重创新，金融业工资高出其他部门 20%。此外，Philippon 和 Reshef 最近一次研究（2009）发现，管制宽松对金融业工资能造成强劲的经济正面影响。研究表明，“自 20 世纪 90 年代后期以来，对美国金融家的工资就过多支付了 30%—50%”。

……同时，人才配置也向金融业倾斜。

随着金融业规模的扩大，该行业往往也最能吸引最优秀和聪明的人才。例如，世界前十大商学院（还包括中国、法国、英国、美国的大学）的工商管理硕士专业 40% 的毕业生选择就职于金融业，而 60% 选择了非金融业的工作岗位（见图 2.3）。而在某些年份，如 2002 年和 2003 年，在金融业与非金融业的就职比例各占一半。

即使对商学院学生因存在自我选择原因而作出调整后，仍然能够明显看出金融业吸引了大比例的优秀聪明的毕业生。而从现有的若干个商学院更长期的系列性数据可以看出，20 世纪 90 年代以及 21 世纪初，选择在金融业就职的毕业生比例大大高于 20 世纪 70 年代与 80 年代。这个普遍趋势与金融业在实体经济中不断扩大的规模与影响保持一致。

金融机构之间的证券化操作与对负债的依赖性为金融业的发展推波助澜。

20 世纪 80 年代以来，信贷证券化（将贷款打包并出售给投资者的做法）获得令人注目的发展，2003 年与 2007 年发展尤为突出。证券化发挥了

1　在 20 世纪 70 年代，金融业职员比其他私营部门职员的收入高出 3%—4%，前者所面临的失业风险也低得多。然而，1980 年之后，金融业的失业风险开始赶上其他私营部门，但其工资也高出 20%。工资溢出值之中有一半是因失业风险增加所致，但另一半的原因尚无从解释（Philippon 和 Reshef，2007）。

两个十分有益的功能，一是为投资者提供更充裕的流动性；二是通过更广泛地分散信贷风险以降低单个银行的风险。然而，当银行使用借贷资金彼此购买证券时，证券化同样也会导致银行系统自身的风险集中，这便是导致2008—2009 年金融危机发生的主要原因（Shin，2009）。

抵押证券化体现了全球金融系统的两个新发展趋势：（1）金融全球化，即证券化创造了不分国界的金融票据（因此，与美国房主并无关联的外国投资者也能购买源自美国房地产市场的抵押担保证券）；（2）银行重要性相对降低，商业银行与投资银行的界限也模糊化了。[1] 近期发展情形也重点突出了这两个发展趋势（并不必然是有害的）已被证明是危机有力的助推因素。

对负债不断增长的依赖性促使了证券化的发展，20 世纪 90 年代中期，发达国家金融机构的负债占 GDP 比例开始飞速增长。美国与欧洲主要银行（投资银行与传统银行）的杠杆率（债务产权率）都在增加。[2] 2008 年 6 月，欧洲 12 大银行的平均杠杆率为 35∶1，并且一些最大型银行的杠杆率为50∶1。这大大超出了传统银行 10∶1 至 15∶1 的杠杆率。最大型美国银行的杠杆率为 30∶1，有些银行达到 50∶1。[3]

第二节　非金融经济的金融化：发展趋势与社会影响

金融业并不仅仅大比例占用了有价值资源且占用比例不断增长，金融业的活动与价值也渗入了非金融经济。原因在于公司通过资本市场的报告制度以及短期目标加以管理的程度越来越大。公司管理层采取金融市场的做法，因此他们的利益越来越与金融家而不是实体经济共进退（Epstein，2005；Krippner，2005；克鲁格曼，2009；Palley，2009；Stockhammer，2007；斯蒂格利茨，2009）。

越来越多的利润被用于发放红利……

资本市场对实体经济的影响力不断增长的一个重要指标就是红利制度的发展。过去几十年以来，利润在支付利息与红利及留存收益之间的分配已经大为改观。20 世纪 80 年代及 90 年代，公司减少负债的举措导致纳税后净利润之中利息付款的比例从 1980 年的 70% 降低到 2007 年的 50% 。

1　请参阅 D. B. Papadimitriou 和 L. Randall Wray，《明斯基的稳定不稳定的经济：二十年之后》，载于 H. 明斯基著，《稳定不稳定的经济》（麦格劳·希尔，2008 年）。

2　由于会计规则、资产负债表内容与国内监管制度存在差异，在各个司法管辖区进行杠杆率的计算与对比极为困难。例如，欧洲使用国际财务报告准则进行会计核算，美国则使用一般公认会计原则。

3　导致杠杆经营成为一个潜在问题的因素是当借入资金能够得到比负债利息成本更高的收益时，公司的权益收益就比公司未借款时更高。因此，杠杆经营可以为投资者带来其他方式所不及的更高的潜在收益。然而，亏损的可能性同时也增大，因为如果投资并不能得到预期回报，或者投资失败，贷款本金与累计利息仍需要偿还。

然而，利息付款的降低并未造成留存收益的增加，因为支付的红利增加了。留存收益占税后利润的比例维持在18%左右，而支付的红利比例从1990年的20%增长到2007年的40%。在美国，红利占利润总额的比例从1946—1979年间的22.8%增长至1980—2008年间的46.3%，增长了一倍多。

金融投资模式的改变并不能解释该发展趋势，因为新股票仅仅只占新发行证券的3.8%。相反，原因可能在于自20世纪70年代以来各机构在整体层面发生了巨大变化。这些变化导致股东权力增强。因此，利润中向股东分配红利的比例在1990年占公司税前利润的30%，2002年却增长到48%。

在其他方面，平均红利支付额（即向股东所分配的利润比例）也表现相似情形。例如，1995—2000年，德国、意大利、英国的红利支付额高于50%，奥地利与法国则高于40%。2001—2005年，法国、意大利与荷兰的边际支付额（2001—2005年期间红利变化额除以2001—2005年利润变化额）超过了70%，芬兰与西班牙超过了40%，而澳大利亚、奥地利、丹麦与日本则在30%左右。

工资支付构成的变化，特别是主管人员工资的变化进一步加深了资本市场对非金融公司的影响。正如《2008年世界劳工报告》所述，虽然过去20年中年薪增加了，但年薪在总工资支付额中所占比例却降低了，同时通过股票期权形式支付的报酬成为最为重要的组成部分，该部分比例从35%上升至77%（Jarque，2008）。[1] 报酬中的杠杆现象（即激励性工资超出薪酬）在过去几年里急剧增长，而这反过来增加了风险。例如，1987年，短期激励性奖励等于一个中等主管薪水的60%，但在2008年增长到占薪水的两倍。[2] 将主管的报酬与股票期权相联系的做法确实可能引起报酬越来越受绩效的影响，但这也会促使对短期化的注重，也就意味着只注重季度收入。

……实体经济用以生产投资的资金越来越少。

上述变化影响了这些公司的实际投资。首先，运营性投入被“挤出”，因为相对于非金融性投资，非金融公司通过金融性投资可以获得更高的回报。其次，因为公司支付高额红利的压力越来越大，公司发现必须向股东支付的红利占利润的比例也越来越高。这种情形导致直接用于内部增长投资的利润比例的降低。

---

1 股票收益是指在既定财年通过行使前一财年授予期权而实现的收益。收益体现为行使日与期权日的股票价格之间的价差。

2 G. 摩根森，“快钱变得越来越快”，《纽约时报》，2009年4月16日。

表 2.1　投资占营业盈余的比例
（20 世纪 80 年代至 21 世纪头十年）

	20 世纪 80 年代	21 世纪头十年
奥地利	50	44
丹麦	47	49
芬兰	57	36
法国	46	43
德国	48	35
爱尔兰	44	28
意大利	36	33
日本	59	56
荷兰	39	38
西班牙	40	47
瑞典	52	51
英国	48	42
美国	44	39

资料来源：国际劳工问题研究所估算数据。

经验性证据表明，20 世纪 80 年代至 21 世纪头十年，几乎所有发达经济体投资占营业盈余的比例都在下降（见表 2.1）。例如，欧盟的投资占营业盈余的比例从 47% 降至 40%，而美国则从 44% 降至 39%，两个经济体的降幅均为五个百分点。欧洲一些国家降幅最大，如奥地利（从 50% 降至 44%）、芬兰（从 57% 降至 36%）、德国（从 48% 降至 35%）、爱尔兰（从 44% 降至 28%）等。这些数据表明，利润的不断上涨并未造成实际投资额的相应增长。

图 2.4　发达经济体的投资额占 GDP 的比重下降
（1980—2006 年）

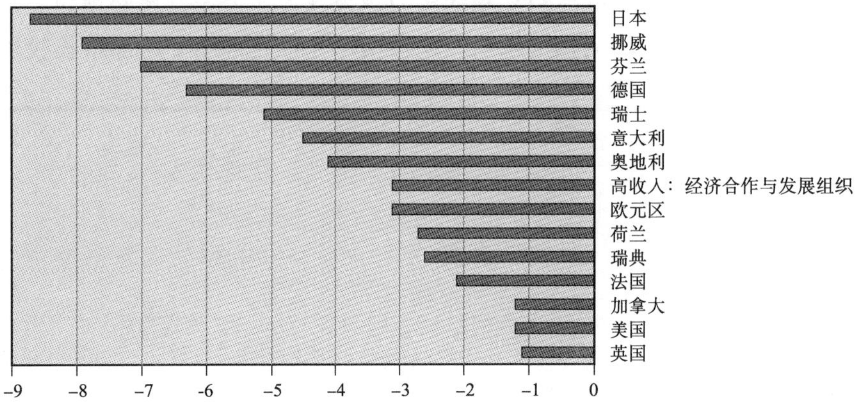

注：按固定资本形成总值占 GDP 比例计。

资料来源：国际劳工问题研究所基于国民账户数据得出的估算数据。

同时，自20世纪80年代以来，大多数发达经济体的投资额占GDP的比重都在下跌。例如，1980—2006年，高收入经济合作与发展组织国家投资额占GDP的比重降了3.1个百分点（见图2.4）。此外，同期欧元区的跌幅为3.1个百分点，德国为6.3个百分点，日本为8.7个百分点，而英美两国跌幅超过1个百分点。

金融化是工资收入占国民收入比重下降的一个原因。

金融业转变使公司内部的谈判能力发生变化。虽然股东在事前承担了风险，但股东有能力在事后降低他们所承受的风险。部分风险已经通过灵活的劳动合同与工资收入转移到雇员及管理人员。正如图2.5所示，五个金融化程度最高的国家在1989—2005年期间，工资比例降低了3.6%，而五个金融化程度最低的国家只降低了2%。更为普遍的现象是，《2008年世界劳工报告》所载的工资比例的下降，其部分原因在于资本市场为在更短时间内获得更高收益而带来的不断增长的压力。[1]

在一定程度上，社会对话可以缓解金融化引发的压力。正如图2.6所示，五个工会化程度最低的发达经济体中，金融业收益占公司收益的比例的百分比变化最大，而工会化程度最高的发达经济体，该百分比变化最小。换言之，具有最高工会密度的国家金融化发展最慢，反之，则发展最快。

第三节　金融化是造成企业与就业不稳定的一个原因：杠杆收购的案例

杠杆收购（LBO）涉及私募公司或其他投资人对公司或公司部门的收购。它是金融对实体经济所起作用不断增长的显著实例。LBO通常由私募基金投资，其期限与投资期限均受到限制，到期之后，私募基金将撤回投资（Strömberg，2007）。收购资金中往往包含2/3的负债，因此，有渠道进入一个高度流动性的资金市场对收购而言极为重要。同时，21世纪初繁荣时期的市场环境有益于收购的发展。被收购的公司称为“目标公司”，而出资收购的投资者称为“收购出资方”（通常为私募资金）。私募提倡者主张收购落后衰退的产业的公司，但实际上，所有部门及产业，包括即将破产的公司以及正在发展的公司都存在收购现象（Strömberg，2007）。本节将从就业、工资与退休金几方面分析LBO的发展及其对非金融部门的影响。

2001—2007年，LBO总额达到2.7万亿美元，也就是说占2007年世界GDP总额的5%。

过去几年是LBO的高速发展期：全球LBO案例中有68%的交易发生在这几年。2001年以来，LBO涉及金额达到2.7万亿美元，而LBO总金额为3.6万亿美元（见图2.7）。LBO的主要特征是：（1）将资产转移到一个新公司；（2）增加管理层股权；（3）用“目标公司”的资产及/或未来现金

1　欲了解工资比例数据的详细分析，请参阅《2008年世界劳工报告》第一章。

图 2.5　发达经济体的金融化与工资比例

（工资比例的变化百分比，1989—2005 年）

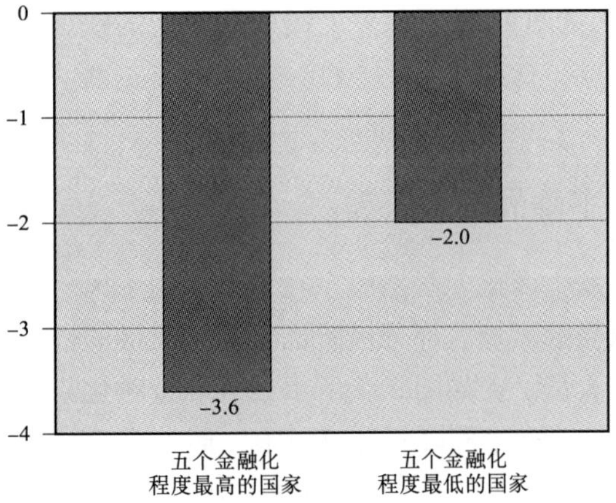

注：发达经济体包括澳大利亚、奥地利、比利时、丹麦、芬兰、法国、德国、希腊、爱尔兰、意大利、日本、荷兰、葡萄牙、西班牙、瑞典、英国和美国。金融化程度由 2005 年金融业收益占公司收益的比例计算得出。

资料来源：国际劳工问题研究所数据。

图 2.6　发达经济体的金融化与工会化

（金融业收益占总收益比例的百分比变化，1989—2005 年）

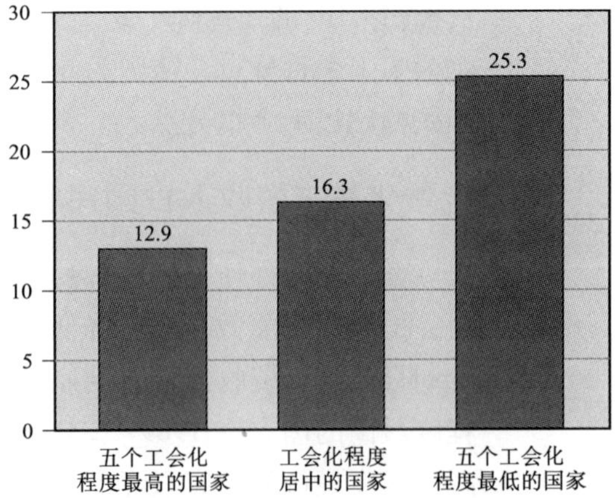

注：发达经济体包括澳大利亚、奥地利、比利时、捷克共和国、丹麦、芬兰、法国、德国、希腊、爱尔兰、意大利、日本、荷兰、葡萄牙、西班牙、瑞典、英国和美国。以 2005 年的工会密度作为衡量工业化的指标；以金融业收益占公司收益比例作为衡量金融化的指标。

资料来源：国际劳工问题研究所的估算。

图 2.7　全球 LBO 交易的数量与发展

（占全部 3.6 万亿美元 LBO 的比例）

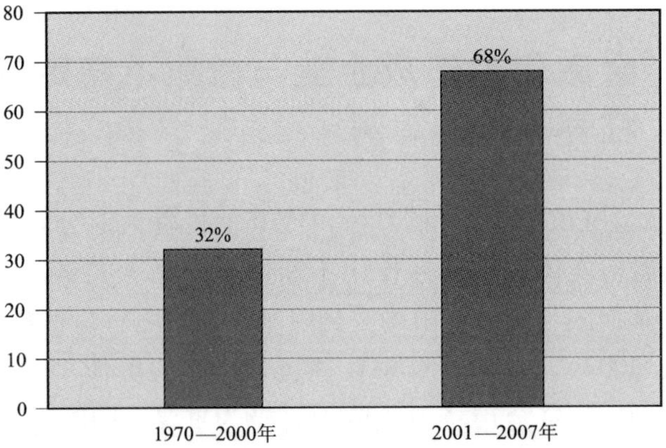

注：以 1970—2007 年期间的 21000 多个 LBO 交易数据为基础。该数据由 Strömberg 提供（2007）。

资料来源：国际劳工问题研究所基于 Strömberg 的研究（2007）得出的数据。

图 2.8　发展中及新兴经济体的 LBO

（1970—2007 年）

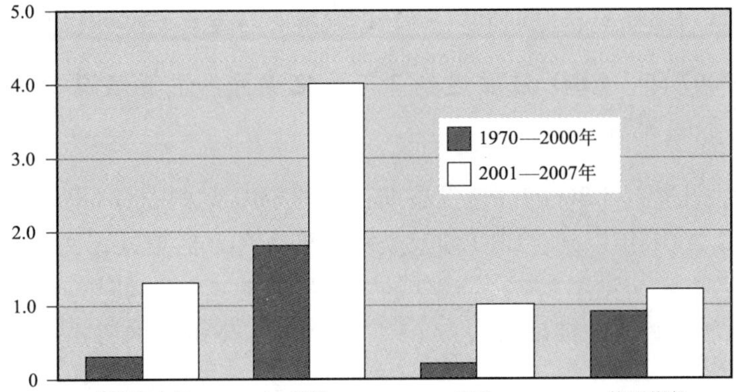

注：以美元计的交易金额。

资料来源：国际劳工问题研究所基于 Strömberg 的研究（2007）得出的数据。

流作担保，增加负债；（4）涉及“收购出资方”对公司的监管（Amess 和 Wright，2007b）。

美国是 LBO 的主要市场。2003—2007 年间，美国 LBO 数量增加了八倍。但 LBO 市场不再主要是美国现象，过去几年里，美国境外收购活动比美国本土收购发展迅猛得多（Strömberg，2007）。在北美及西欧之外的收购在金额上占全部收购的 7%，但这个数据掩盖了发展中与新兴经济体收购的实际发展情况。例如，非洲与中东在过去七年中，收购的数量与之前 30 年相比增长了三倍多。同一期间，亚洲收购数量翻了一倍多，东欧增长了五倍多（见图 2.8）。此外，发展中及新兴经济体的收购都在这些国家 GDP 中占大比例。

LBO 越来越注重短期回报：超过 40% 的投资者在五年内退出公司……

目前存在一个普遍趋势就是“快速转手”，即在收购公司之后一年内重新上市或退出公司，也就是说，将“目标公司”公开上市（证券交易所上市）或将其出售给另一位投资者（新“收购出资方”）。全部私募收购案例中，42% 的收购方在初始交易后五年内退出公司（Strömberg，2007）。此外，LBO 的持有时期在近年来稳步下降（见图 2.9），“虽然私募基金投资的 LBO 更可能成功退出，但在不考虑其他因素的情形下，私募资金也有可能最终陷入财务困境”（Strömberg，2007）。

在过去几年中，对冲基金对私募股权投资越来越感兴趣，因为其可以带来丰厚回报。由于对冲基金进入市场，使得向负债经营型金融产业提供资金的借贷者之间的竞争增加了杠杆率，压低了借款成本，贷款条件也更为宽松（William 和 VanBever，2006）。对冲基金通常更加着眼于短期收益，这将改变在典型收购之后的运营重整活动。因为这是一个相对而言更新的现象，因此针对该领域尚未进行学术研究（至少无明显公司关联利益的学者尚未展开研究）。

图 2.9　盈利与退出

（投资者对控股公司的平均持有期，1970—2007 年）

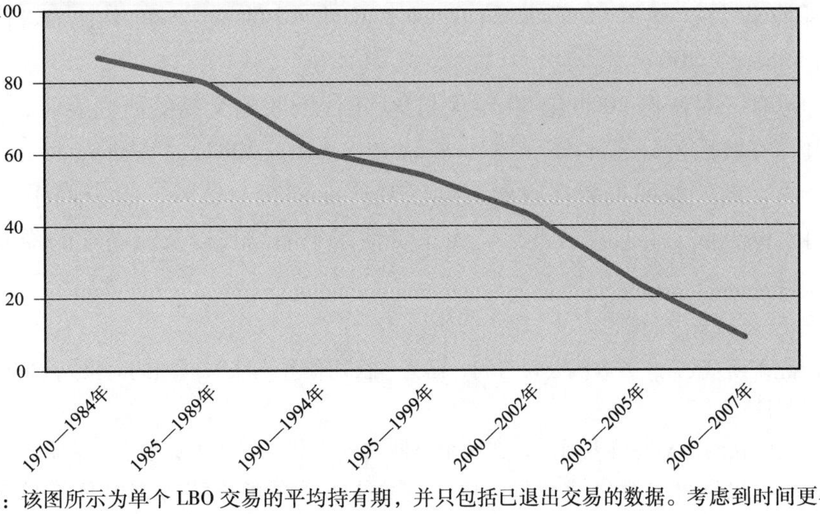

注：该图所示为单个 LBO 交易的平均持有期，并只包括已退出交易的数据。考虑到时间更早的交易已经退出的可能性更高，因此也开展了同期群分析。

资料来源：国际劳工问题研究所基于 Strömberg 的研究（2007）得出的数据。

……这对工作与工资造成不稳定效应。

2009 年，美国近 220 家偿债违约的公司中，超过一半的公司曾一度被私募公司收购或仍为私募公司所控制。[1]因此，收购对“目标公司”的就业与工资产生直接影响也不足为奇。通过 LBO 可以与员工重新协商合同与工资，并裁减公司员工，以此作为重整交易的一部分，并且一般而言，LBO 能够为管理层对雇佣进行调整提供强劲的动力（Amess 和 Wright，2007）。

对英国 1350 宗收购交易的研究表明，LBO 对就业的影响取决于收购类型。将管理层收购（MBO，即公司管理层成为重大持股者）与管理层认购（MBI，即涉及外部管理层及投资者的收购）进行区分具有重要的作用，因为公司内部人员与外部人员所扮演的角色不同，就业与工资方面的结果也会大相径庭（Amess 和 Wright，2007）。Amess 和 Wright 通过研究 LBO 案例还发现：（1）对于 MBO，工资涨幅降低了 0.31 个百分点，而对于 MBI，工资涨幅降低了 0.97 个百分点；（2）对于 MBO，就业增长率增长了 0.51 个百分点，而对于 MBI，就业增长率则降低了 0.81 个百分点。虽然 MBO 对就业能够造成总体积极效应，但超过 1/3 的交易造成职员人数降低，同时，MBI 交易造成的总体就业效应一直是消极的，甚至在六年之后仍然如此。总体而言，所有 LBO 交易中，超过 1/3 的交易对就业的影响是消极的。

对美国 LBO 的近期研究中，大部分研究都表明 LBO 对就业产生负面影响。对 1980 年至 2005 年期间私募资金收购的 5000 家公司（总数大约有 30 万家）的研究表明，“目标公司”就业人数比“控制公司”下降更迅速，而两年后控制公司就业人口下降速度低于目标公司 7%（Davis 等，2008）。此外，与“控制公司”相比，“目标公司”就业人数增长更慢。这种情形主要是由“目标公司”的工作岗位的消失所引起的，因为就创造就业而言，目标公司与控制公司的经营是同等开展的。除此之外，私募公司在收购之后，被收购公司倾向于比控制公司进行更多的收购并收回投资（Davis 等，2008）。另外，收购对就业的影响也源于一些公司后来经营失败并破产的事实——所有 LBO 交易中，有 6% 最终经营失利并以陷入财务困境告终，这个失败率与美国上市公司的破产率相比而言更高（Strömberg，2007）。

同时，对法国 20 世纪 80 年代与 90 年代的收购交易的研究表明，“目标公司”在收购后运营不佳（Desbriéres 和 Schatt，2002）。[2]该研究表明，“目标公司”的股权回报率在收购后低于其产业同行。此外，投资回报率与毛利润率也更低，并且在收购后，由于负债水平的增长以及流动性的降低，也

---

1 J. 克莱斯威尔，“被收购公司营利，而另一公司债务飞涨”，《纽约时报》，2009 年 10 月 5 日。

2 法国的收购交易与英美两国存在两个不同之处：其一，法国更倾向于在收购之前集中被收购公司的股份持有量；其二，控股公司在账务结构方面负债程度更低（Desbriéres 和 Schatt，2002）。此外，法国 LBO 最经常出现于涉及家族企业的转让或继承之时。

专栏 2.1　举债发放红利：对实体经济与就业具有风险的措施

“举债发放红利”这种融资措施使被收购的目标公司承担了更多的负债，然后将借款用以向收购出资方（通常为私募公司）发放红利。[1] 该措施的主要目标是刺激投资回报并迅速收回私募公司的初始投资。举债发放红利可以在短时间内（甚至几天之内）计划并实施。2003—2007 年，美国 188 家公司一共举债 750 亿美元用以向私募公司支付红利。[2] 例如，2007 年前七个月就实施了 129 次举债发放红利，总金额达到 470 亿美元。[3]

欧洲也存在类似情形。2007 年上半年，发放的红利继续创下纪录：2007 年上半年的 19 宗为支付红利而进行的资产重组中，被收购公司一共支付了 61 亿欧元，超过了私募公司初始投资金额的 80%，私募公司对被收购公司的平均持有期为 20 个月。[4] 2006 年上半年的 28 次举债支付红利一共支付了 53 亿欧元的红利。

根据标准普尔的研究，举债支付红利将对被收购公司（或目标公司）产生负面的，甚至是潜在毁灭性的后果。[5] 这种措施增加了公司的债务负担，并造成更长期的偿债违约的可能性，即使公司可在短期内获取高额利润。这种措施对工作、工资、工人退休金也产生极大的影响。尽管存在巨大风险，但在收购高峰期（2003—2007 年），银行与投资方仍然欢迎举债支付红利，因为与更高的风险相伴而来的是最高的收益。对银行人士而言，这是过度承担风险以及过度流动性环境的一部分，而对于私募公司而言，这是快钱来源之一，同时又易于从交易中退出。简言之，举债支付红利对银行家和私募基金是一个赢的赌局，而对目标公司及其工人及退休工人而言则反之。

[1] 该措施在 2002—2003 年首次公开募股（IPO）市场萎靡时风行一时。在举债支付红利受到追捧之前，私募公司的通常举措是“收购公司、削减负担、改善营业、通过公开出售公司赚取利润”。但是 2002—2003 年间，IPO 市场不景气，用以替补这个市场的机制即为举债支付红利。甚至在 IPO 市场于 2005 年反弹时，这种措施仍继续受欢迎，并在 2006 年及 2007 年上半年蓬勃发展（资料来源：标准普尔）。[2] 前引，克莱斯威尔，2009 年 10 月 5 日。[3] 引自：《交易日报》，“举债支付红利的重归?”，《华尔街日报》，2008 年 4 月 1 日。[4] 惠誉评级公司，《如同音乐戛然而止：H107 的欧洲资本重组的 LBO 交易》，2007 年 9 月 4 日。[5] 标准普尔，《举债支付红利游戏：信贷风险与快钱诱惑的对决》，2006 年 8 月 7 日。

导致目标公司的风险增长（Desbriéres 和 Schatt，2002）。与普遍认为收购发生于濒临破产公司的观念相反，法国的管理层收购更倾向于发生在财务状态更好的公司而不是同行业的其他公司（Desbriéres 和 Schatt，2002）。

除了对就业与工资造成负面影响以外，收购还对退休金制度造成不良影响。作为收购交易的一部分，投资方（通常为私募公司）可能停止支付退休金制度所需资金，这便威胁到员工的退休计划。例如，当“收购出资方”通过将公司出售给公司的员工持股计划（该计划用以支付员工的退休金）套取现金时，就将出现这种情形。专栏 2.1 所示即为“举债发放红利”的措施，该措施将对公司的债务负担产生不利影响并有可能不利于职工的退休金计划。

由私募公司赞助的若干份研究论文具有一个普遍性趋势，即阐述收购对就业的正面效应。然而，这些研究中的大部分在采样及数据质量方面均存在诸多瑕疵，因此“导致研究对就业影响预计实际上毫无价值”（Hall，2007）。人们难以信任私募公司提供的证明与数据的一个主要原因在于“信

表 2.2　发达经济体金融业改革现状

	A. 监管			B. 风险承担限制措施			C. 报酬	
	系统性风险监管者规定*	微观与宏观谨慎监管的变化	影子银行监管	资本充足制度的变化	评级机构监管	增加的竞争或解体银行	主管职员薪酬的限制	红利支付管制
澳大利亚							UC	
奥地利	UC	UC	UC	UC	Y	N	UC	UC
比利时	UC	UC	UC	UC	Y	N	UC	UC
加拿大				UC			N	
丹麦	UC	UC	UC	UC	Y	N	UC	UC
芬兰	UC	UC	UC	UC	Y	N	UC	UC
法国	UC	UC	UC	UC	Y	N	Y	Y
德国	UC	UC	UC	UC	Y	N	Y	Y
希腊	UC	UC	UC	UC	Y	N	UC	UC
爱尔兰	UC	UC	UC	UC	Y	N	UC	UC
意大利	UC	UC	UC	UC	Y	N	UC	
日本				UC			N	
韩国	UC			UC			N	
荷兰	UC	UC	UC	UC	Y	N	UC	UC
新西兰							UC	
挪威						N	UC	
葡萄牙	UC	UC	UC	UC	Y	N	UC	
西班牙	UC	UC	UC	UC	Y	N	UC	
瑞典	UC	UC	UC	UC	Y	N	UC	
瑞士						N	N	N
英国	UC	UC	UC	UC	Y	N	N	UC
美国	UC	UC	UC	UC	UC	N	N	UC

注：Y = “是”，N = “否”，UC = “正考虑中”。截止日期为 2009 年 11 月。

* 欧盟国家已同意创建欧洲系统性风险委员会，该组织的建议不具有法律约束力。

资料来源：国际劳工问题研究所基于彭博资讯、美国全国广播公司财经频道、国际清算银行、国际货币基金组织和各国机构的信息得出的数据。

息不透明”，这不像公开上市的公司，私募基金公司不受法律规定需要披露信息要求的约束。此外，私募公司控制着公司外传的信息，从该渠道获取的调查结果令人难以置信。

结　论

正如本章所述，金融在使实体经济能够有效运营的同时，也有可能对经济产值及一般性福利造成不稳定以及巨大的负面冲击。金融业的规模不断增长，其对实体经济的影响也越来越强，这既带来了利益也需要付出代价，但2008—2009 年的危机表明，需要付出的代价极为巨大。当大型金融机构过度地承担风险，这些公司将危及整体金融体系，同时，不负责任的金融机构将卷走数百万人的储蓄，使数百万人的退休安排无法实现。金融业发挥的私人价值功能永远无法与社会价值相一致，政府应当在统一这些价值中发挥作用。认识到金融、金融从业人员及相关机构的局限性，对于完善全球金融体系而言是重要的一步。迄今为止，政府在处理实体经济金融化方面无所建树，改革步伐也极其缓慢（表 2. 2 显示了政府缓慢的改革工作）。自全球金融体系几近全面崩溃之时已过一年，但系统性问题，如监管不足、过度承担风险、不成比例地报酬支付机制等仍未得到充分解决。如果现状仍然持续，金融对实体经济的主导作用也将继续下去，并且极有可能在将来变得更加强势。

参考文献

Achleitner, A.K.; Klöckner, O. 2005. *Employment contribution of private equity and venture capital in Europe*, European Private Equity and Venture Capital Association (EVCA).

Adrian, T.; Shin, H.S. 2009. *The shadow banking system: Implications for financial regulation*, Federal Reserve Bank of New York Staff Reports.

Aizenman, J. 2009a. *Financial crisis and the paradox of under- and over-regulation*, NBER Working Paper No. 15018.

—. 2009b. *On the paradox of prudential regulations in the globalized economy: International reserves and the crisis: a reassessment*, NBER Working Paper No. 14779.

Amess, K.; Wright, M. 2007a. "Barbarians at the gate? leveraged buyouts, private equity and jobs", in *International Journal of the Economics of Business.*

—. 2007b. "The wage and employment effects of leveraged buyouts in the UK", in *International Journal of the Economics of Business*, Vol. 14, No. 2, pp. 179–195.

Amess, K.; Girma, S.; Wright, M. 2008. What are the wage and employment consequences of leveraged buy-outs, private equity and acquisitions in the UK?, CMBOR Occasional Paper.

Anonymous. 2009. Report of the commission of experts of the President of the UN General Assembly on reforms of the international monetary and financial system, Preparation for the UN Conference on the World Financial and Economic Crisis and its Impact on Development.

Arellano, C.; Bai, Y.; Zhang, J. 2009. *Firm dynamics and financial development*, NBER Working Paper, No. 15193.

Axelson, U.; Strömberg, P.; Weisbach, M., 2007. "Why are buyouts levered: The financial structure of private equity funds", in *J. Finance*, in press.

Baker, G.; Wruck, K.. 1989. "Organizational changes and value creation in leveraged buyouts: The case of O.M. Scott & Sons Company", in *Journal of Financial Economics*, Vol. 25, pp. 163–190.

Barbera, R. 2009. *The cost of capitalism: Understanding market mayhem and stabilizing our economic future*, McGraw Hill Professional, New York, USA.

Baumol, William J. (1990), "Entrepreneurship: Productive, Unproductive, and Destructive", *Journal of Political Economy*, 98(5), 893–921.

Bebchuk, L. 2009. "Bonus guarantees can fuel risky moves", in *The Wall Street Journal*.

Beck, T.; Demirguc-Kunt, A.; Levine, R. 2004. *Finance, inequality, and poverty: Cross-country evidence*, NBER Working Paper No. 10979.

Benmelech, E.; Kandel, E.; Veronesi, P. 2008. *Stock-based compensation and CEO disincentives*, NBER Working Paper No. 13732.

Bernanke, B. 2009. "The crisis and the policy response", speech, London School of Economics.

Blanchard, O. 2009. "Cracks in the system", in *Finance & Development*, Vol. 45, No. 4, International Monetary Fund.

Buiter, W. 2008a. *Central banks and financial crises*, paper presented at the Federal Reserve Bank of Kansas City Symposium on Maintaining Stability in a Changing Financial System.

—. 2009a. "Useless finance, harmful finance and useful finance", available at: http://blogs.ft.com/maverecon/2009/04/Useless-finance-harmful-finance-and-useful-finance/ [8 Nov. 2009].

Chari, A.; Chen, W.; Dominguez, K.M.E. 2009. *Foreign ownership and firm performance: Emerging-market acquisitions in the United States*, NBER Working Paper No. 14786, revised 2009.

Cotter, J.F.; Peck, S.W. 2001. "The structure of debt and active equity investors: The case of the buyout specialist", in *Journal of Financial Economics*, Vol. 59, pp. 101–147.

Cumming, D.; Siegel, D.; Wright, M. 2007. "Private equity, leveraged buyouts and
Axelson, U.; Strömberg, P.; Weisbach, M., 2007. "Why are buyouts levered: The financial structure of private equity funds", in *J. Finance*, in press.

Baker, G.; Wruck, K.. 1989. "Organizational changes and value creation in leveraged buyouts: The case of O.M. Scott & Sons Company", in *Journal of Financial Economics*, Vol. 25, pp. 163–190.

Barbera, R. 2009. *The cost of capitalism: Understanding market mayhem and stabilizing our economic future*, McGraw Hill Professional, New York, USA.
versus privately held firms, in D. Acemoglu; K. Rogoff; M. Woodford (eds.), Centre for Economic Studies paper, in *NBER Macroeconomics Annual 2006*, MIT Press, pp. 107–155.

—. 2007a. *Private equity and employment*, working paper.

—. 2008. *Private equity and employment*, U.S. Census Bureau Centre for Economic Studies Paper.

Desbriéres, P.; Schatt, A. 2002. "The impacts of LBOs on the performance of acquired firms: The French case", in *Journal of Business Finance and Accounting*, Vol. 29, No. 5, pp. 695–729.

Diamond, D.W.; Rajan, R. 2009. *The credit crisis: Conjectures about causes and remedies*, NBER Working Paper No. 14739.

Eichengreen, B. et al. 2009. *How the subprime crisis went global: Evidence from bank credit default swap spreads*, NBER Working Paper No. 14904.

Eid, F. 2006. "Private equity finance as a growth engine: What it means for emerging markets", in *Business Economics*.

Epstein, G.A. (ed.) 2005 "Financialization and the world economy" (Cheltenham, UK, Edward Elgar), pp. 3–16.

Erel, I. et al. 2009. *Market conditions and the structure of securities*, NBER Working Paper No. 14952.

Foster, L.; Haltiwanger, J.; Krizan, C.J. 2001. "Aggregate productivity growth: lessons from microeconomic evidence", in E. Dean; M. Harper; C. Hulten (eds), *New development in productivity analysis* (Chicago, IL, University of Chicago Press), pp. 303–363.

Freeman, R.B. 2007. *Labor market institutions around the world*, NBER Working Paper No. 13242.

Gompers, P.; Lerner, J. 2000. "Money chasing deals? The impact of fund inflows of private equity valuation", in *Journal of Financial Economics*, Vol. 55, pp. 281–325.

Gorton, G.B. 2008. *The subprime panic*, NBER Working Paper No. 14398.

Gozzi, J.C.; Levine, R.; Schmukler, S.L. 2009. *Patterns of international capital raisings*, NBER Working Paper No. 14961.

Guo, S.; Hotchkiss, E.; Song, W. 2007. *Do buyouts (still) create value?*, Working Paper (Boston, MA, Boston College).

Hall, D. 2007. *Methodological issues in estimating the impact of private equity buyouts on employment* (Greenwich, UK, Greenwich University Business School).

Harris, R.; Siegel, D.S.; Wright, M. 2005. "Assessing the impact of management buyouts on economic efficiency: Plant-level evidence from the United Kingdom", in *Review of Economics and Statistics*, Vol. 87, No. 1, pp. 148–153.

International Monetary Fund; Kiff, J. et al. 2009. *Restarting securitization markets: Policy proposals and pitfalls*, Global Financial Stability Report.

Kaplan, S.N. 1989a. "Management buyouts: Evidence of taxes as a source of value", in *Journal of Finance*, Vol. 44, pp. 611–632.

—. 1989b. "The effects of management buyouts on operating performance and value", in *Journal of Financial Economics*, Vol. 24, pp. 217–254.

—. 1989c. "Campeau's acquisition of Federated: Value destroyed or value added", in *Journal of Financial Economics*, Vol. 25, pp. 191–212.

—. 1991. "The staying power of leveraged buyouts", in *Journal of Financial Economics*, Vol. 29, pp. 287–313.

—; Stein, J. 1993. "The evolution of buyout pricing and financial structure in the 1980s", *Quarterly Journal of Economics*, Vol. 108, pp. 313–357.

—; Stromberg, P. 2008. *Leveraged buyouts and private equity*, Working Paper (Chicago, IL, University of Chicago).

Kashyap, A.K.; Rajan, R.G.; Stein, J.C. 2008. *Rethinking capital regulation*, Federal Reserve Bank of Kansas City Symposium on Maintaining Stability in a Changing Financial System.

Krippner, G. 2005 "The financialization of the American economy", in *Socio-Economic Review*, Vol. 3, p. 173.

Krugman, P. 2009. "How did economists get it so wrong?", in *The New York Times*.

Krugman, P. 2009. "The return of depression economics and the crisis of 2008" (New York, W.W. Norton).

Kydland, F.E.; Prescott, E.C. 1977. "Rules rather than discretion: The inconsistency of optimal plans", in *Journal of Political Economy*, Vol. 85, No. 3, pp. 473–792.

Lerner, J.; Sørensen, M.; Strömberg, P. 2007. *Private equity and long-run investment: The case of innovation*, Working Paper.

Leslie, P.; Oyer, P. 2008. *Managerial incentives and value creation: Evidence from private equity*, NBER Working Paper No. W14331.

Lichtenberg, F.R.; Siegel, D.S. 1990. "The effects of leveraged buyouts on productivity and related aspects of firm behavior", in *Journal of Financial Economics*, Vol. 27, pp. 165–194.

Long, W.F.; Ravenscraft, D.J. 1993. "LBOs, debt, and R&D intensity", in *Strategic Management Journal*, Vol. 14, pp. 119–135.

Ljungqvist, A.; Richardson, M.; Wolfenzon, D. 2007. *The investment behavior of buyout funds: Theory and evidence*, European Corporate Governance Institute Working Paper 174/2007.

McGuckin, R.H.; Nguyen, S.V. 2001. "The impact of ownership changes: A view from labour markets", in *International Journal of Industrial Organization*, Vol. 19, No. 5, pp. 739–762.

Mihaljek, D. 2008. *The financial stability implications of increased capital flows for emerging market economies* (Basel, Switzerland, Bank for International Settlements).

Milberg, W. 2007–09. *Shifting sources and uses of profits: sustaining U.S. financialization with global value chains* (New York, Schwartz Center for Economic Policy Analysis).

Minsky, H. 1986 [2008]. Stabilizing an unstable economy, McGraw Hill Professional, New York, USA
Mishkin, F.S. 2005. *How big a problem is too big to fail?*, NBER Working Paper No. 11814.
Murphy, K., A. Shleifer, and R. Vishny (1991) "The Allocation of Talent: Implications for Growth", *Quarterly Journal of Economics*, 106(2): 503-30.
Muscarella, C.J.; Vetsuypens, M.R. 1990. "Efficiency and organizational structure: A study of reverse LBOs", in *Journal of Financial Economics*, Vol. 45, pp. 1389–1413.
Nocera, J. 2009. "Risk mismanagement", *New York Times Magazine* (Working Paper, NYU), pp. 24–33, 46, 50–51.
Olsen, J. 2006. *Note on leveraged buyouts* (Foster Center for Private Equity).
Onaran, Ö.; Stockhammer, E.; Grafl, L. 2009. *The finance-dominated growth regime, distribution, and aggregate demand in the US* (Austria, Vienna University of Economics & B.A. Dept. of Economics), Working Paper No. 126.
Palley, T. 2009. *Financialization: What it is and why it matters*, IMK Working Paper.
Philippon, T. 2007. *Why has the U.S. financial sector grown so much? The role of corporate finance*, NBER Working Paper No. 13405, revised Jan. 2008.
—; Reshef, A. 2007. *Skill biased financial development: Education, wages and occupations in the U.S. financial sector*, NBER Working Paper No. 13437.
—; Reshef, A. 2009. *Wages and human capital in the U.S. financial industry: 1909–2006*, NBER Working Paper No. 14644.
Renneboog, L.; Simons, T. 2005. *Public-to-private transactions: LBOs, MBOs, MBIs, and IBOs*, European Corporate Governance Institute, Finance Working Paper No. 94/2005.
Rodrik, D. 2009. *Now's the time to sing the praises of financial innovation*, available at: http://rodrik.typepadCom/dani_rodriks_weblog/2008/09/nows-the-timeto-Sing-the-praises-of-financial-innovation.html.
Service Employees International Union. 2007. *Behind the buyouts: Inside the world of private equity*, p. 20.
Smith, A.J. 1990. "Corporate ownership structure and performance: The case of management buyouts", in *Journal of Financial Economics*, Vol. 27, pp. 143–164.
Stiglitz, J. 2009. *Testimony before the congressional oversight panel: Regulatory reform hearing*, available at: cop.senate.gov/documents/testimony-011409-stiglitz.pdf [8 Nov. 2009].
Stockhammer, E. 2007. *Some stylized facts on the finance-dominated accumulation regime*, PERI Working Paper, 142.
Strömberg, P. 2007. *The new demography of private equity*, available at: http://www.sifr.org/pelle.html [8 Nov. 2009].
Taylor, J.B. 2009. *The financial crisis and the policy responses: an empirical analysis of what went wrong*, NBER Working Paper No. 14631.
Turner, L.A. 2009. *The financial crisis and the future of financial regulation*, transcript of the Economist's Inaugural City Lecture, delivered 21 Jan. 2009.
Turner, P. 2008. *Financial globalisation and emerging market capital flows* (Basel, Switzerland, Bank for International Settlements).
William, M.; VanBever, S. 2006. "Challenges for private equity: The shifting winds of risk", in *Chicago Fed Letter*, No. 232a, pp. 1–4.
Wright, M.; Wilson, N.; Robbie, K. 1997. "The longer term performance of management buy-outs", in *Frontiers of Entrepreneurship Research*, pp. 555–569.
—; Renneboog, L.; Simons, T.; Scholes, L. 2006, *Leveraged buyouts in the U.K. and Continental Europe: Retrospect and prospect*, European Corporate Governance Institute Finance Working Paper No. 126/2006.

第三章

促进全球化的再平衡：劳工条款在现有国际贸易安排和发展金融政策中的作用

主要研究成果

- 正如我们在第一章所强调的，人们对在经过全球金融危机之后如何使全球化更加公平方面的讨论日渐升温。为推动这种讨论，本章将分析把全球化的社会因素纳入在内的两个现有的关键机制：国际贸易安排中的劳工条款以及发展金融机构（DFIs）政策中的劳工条款。
- 本章的一个主要发现是，在过去的 25 年间，各种贸易安排中采纳的劳工条款出现了成倍增长。
  - 贸易安排中的劳工条款按其性质可以分为有条件的条款和促进型条款。有条件的劳工条款基于制裁或正面激励政策。而促进型劳工条款主要关注监测和能力建设等因素。迄今为止，在 186 个目前已经生效并报告给世界贸易组织的贸易协定中，有 37 个含有劳工条款，而 1995 年仅有四个这样的协议。在这些条款中，46% 的是有条件的条款，54% 的属于促进型条款。在现有的 11 个普遍优惠制（简称普惠制）中，有两个包含有条件的劳工条款。
  - 本项研究确定了九个在发展中和新兴经济体之间缔结的、包含有劳工条款的贸易协定。除一个协议外，其余协议都只包含有促进型条款。
  - 本项研究分析的贸易协定中，大约 60% 的劳工条款援引了国际劳工组织 1998 年宣言或者《国际劳工组织公约》。
  - 在部分情况下，根据所讨论的贸易协定，同一受益国将受制于不同的劳工条款。因此，部分国家必须遵从不同类型的劳工条款。

- 在过去的十年间，很多主要的发展金融机构（包括国际、区域和双边开发银行）已开始在其运营中纳入劳工条款。在我们分析的16个发展金融机构中，至少有12个援引了国际劳工组织1998年宣言或者《国际劳工组织公约》。这些金融机构很多都已建立了综合全面的规程，包括将受到这些政策影响的利益相关方的诉求提交至独立的评估机构。
- 劳工条款的急剧增加表明各国政府日益关注增强全球化的公平现象，这也是《全球就业公约》中的一个重要方面。必须开展进一步的研究，来认识在贸易安排和发展金融机构政策中实际应用劳工条款以及应用不同的有条件的或促进型劳工条款，是如何有助于改善全球经济发展中的就业状况和工作条件的。

引　言

目前，人们一直在就必须采取何种措施来增强全球化进程中的社会因素方面展开持续的讨论（国际劳工组织，2004）[1]，全球金融危机的到来为之增添了新的推动力。有证据表明，在贸易和投资自由化以及资本流动加快的同时，工作者的工作条件并未得到同样的改善。在金融危机爆发之前低薪资工作者在劳动力市场上的地位日益降低，以及工作者收入差距的日益扩大便印证了这一点（国际劳工研究所，2008）。正如第一章和第二章所指出的，上述发展趋势在金融危机后可能进一步加剧。

本章的目的是提交我们的研究结果从而推动该讨论。该研究阐述了实施全球化两个重要机制，即：单边、双边和区域性贸易安排以及发展金融机构政策中的劳工条款的主要结构、普遍特征和初步经验。私营部门动议中的劳工条款（如跨国公司的劳工行为准则）未包含在本研究之中。同样，有关如何制定和实施国际劳工标准等更加广泛的问题，本研究也未涉及。[2]

在本章，“劳工条款”一词的含义包括：（1）所有确立了最低工作条件、雇佣条款或工作者权利的劳工标准；（2）所有根据国家劳动法及其实施条例提供的工作者保护规范；（3）所有为监测这些问题开展合作的框架。在援引国际劳工组织制定的标准时，将使用“国际劳工标准”或“国际劳工组织文书”这一术语。

本章的结构如下。首先，第一节主要讲述贸易安排中的劳工条款。本节概述了这些条款的演变过程、标准覆盖范围以及实际应用情况。第二节主要讲述发展金融机构政策中所采纳的劳工条款。随后，在对相关的发展金融机构活动的背景进行简要介绍的基础上，概述了旨在将劳工条款纳入发展金融机构政策的各种动议。最后，本章对这些条款的实施情况进行了一些初步的分析，并提出了最终意见。

1　国际劳工组织：《公平的全球化》，日内瓦，2004年。

2　通过专家委员会对公约履行状况和建议的年度报告，可以对各国对国际劳工标准的实施和遵从状况进行评估。参见Boivin和Odero（2006）。

第一节　贸易安排中的劳工条款：现状与发展趋势

为了力求保持促进自由贸易与提供体面工作条件之间的平衡，人们已提出了众多的方法。其中的一个建议是将劳工条款纳入多边贸易协定框架之中（Charnovitz，1987），但该目标已被证实很难实现。[1] 不过，这一过程仍不断通过各种不同的渠道出现。因此，本章的目的就是力求反映劳动条款在日益增多的双边和区域性贸易协定中的应用情况。在国际层面上，有关国际劳工组织1998年宣言（国际劳工组织，1998）中确定的四大“核心劳工标准”（CLS）的协议方面取得了重大进展。在国际劳工组织的《基本劳工公约》中进一步规定了这四大“核心劳工标准”。[2] 在本章，“核心劳工标准”成为贸易协定中详细阐述的很多劳工条款里经常援引的一个方面。最近，国际劳工组织2008年宣言对此类劳工标准的影响进行了更为详细的阐述。[3] 本节探讨了在以下现有的两类贸易安排中劳工条款的使用情况，这两类协议包括：（1）单边贸易优惠体系；（2）双边和区域性贸易协定。[4]

一、贸易安排中劳工条款的类型

众多贸易协定中均包括有劳工条款，这些贸易安排可以分为单边贸易安排，或者由双方或多方缔结的贸易协定。尽管众多贸易协定仅仅包括与贸易相关的问题，但其他一些称之为“综合性协议”的贸易协定也涉及部分非

1　参见《新加坡部长宣言》，世界贸易组织部长级会议，新加坡，1996年12月9日至13日，网址 http://www.wto.org/english/theWTO_e/whatis_e/tif_e/bey5_e.htm：“我们重申对遵守国际认可的核心劳工标准的承诺。国际劳工组织（ILO）是制定和处理这些劳工标准的管理机构，我们确认将为其推动这些标准的工作提供支持。我们认为，贸易往来加强对经济增长和经济发展的促进，以及贸易的进一步自由化有助于推动这些劳工标准。我们坚决抵制将劳工标准用于贸易保护主义，并一致认为，不得以任何方式对各国的相对优势，尤其是低工资发展中国家的相对优势提出质疑。在此方面，我们希望世界贸易组织和国际劳工组织秘书处今后将继续保持其现有的合作关系。”

2　《国际劳工组织关于工作中基本原则和权利宣言》（国际劳工组织第86届大会，日内瓦，1998年6月）要求国际劳工组织的成员国遵从和促进四个领域内的劳工权利和原则，即：自由结社，有效认同集体谈判的权利；消除所有形式的强迫或强制性劳动；有效废除童工现象；消除在就业和职业中的歧视现象。无论成员国是否已批准八个相关的国际劳工组织基本公约（第29、87、98、100、105、111、138和182号公约）都适用上述原则。

3　《2008年国际劳工组织关于争取公平全球化的社会正义宣言》指出：“不得借助或以其他方式将违反工作中的基本原则和权利作为一项合法的相对优势，也不得将劳工标准作为贸易保护主义的工具”（国际劳工组织，2008）。

4　以下有关双边和区域性贸易协议的探讨内容来自于目前正在实施之中且在2009年10月29日前报告给世界贸易组织的186项贸易协议，以及在报告编写之日尚未报告给世界贸易组织的五项贸易协议。

贸易问题，如基础设施项目。劳工条款既可以直接包含在贸易文书本身之中，也可以包括在附属文件，如附加协议或谅解备忘录等之中。谅解备忘录通常不具有法律约束力。

在标准内容及其法律影响方面，不同的劳工条款之间存在显著的差异。这些条款可能具有法律约束力的标准内容，或者具有政治承诺的特征。[1]就标准内容而言，某些条款要求各国遵从特定的劳工标准，这些标准可能援引国际劳工组织1998年宣言中的“核心劳工标准”，或者援引《国际劳工组织公约》。在其他一些情形下，劳工条款可能要求各国在其本国劳动法中实施劳工标准。此外，某些劳工条款要求各国缔约方逐步提高对其劳动法的保护水平，或者至少不能为了促进出口或者投资而降低对其劳动法的保护水平。[2]劳工条款也可能要求或者允许各方就劳工问题开展合作和技术援助，其形式包括信息交流、技术援助或资金援助。

贸易协定中劳工条款的应用范围也各不相同。这些条款可能适用于各方之间与贸易关系相关的劳工问题，或者适用于与其中一方贸易关系相关的劳工问题。不过，无论它们与贸易关系的关联程度如何，这些条款都可能广泛适用于各种劳工问题。

劳工条款也可按照违反其相关的义务在法律上所带来的后果进行分类。如果某国采取特定的措施以遵从特定的劳工标准，则某些贸易安排将规定额外的贸易优惠条款。在其他情形下，违反劳工条款可能导致相关的政府无法享受到贸易协定中规定的某些贸易优惠（如关税优惠）。[3]处罚措施，如罚款或者中止合作，也可能是与贸易无关的因素。最后，某些劳工条款并未对违反特定承诺导致的经济影响做出特别规定，而是允许各缔约方通过专家机构的定期监测、外交协商和/或合作活动（如信息交流、技术和资金援助）的方式来解决这一问题。

在本章中，我们将劳工条款区分为有条件的劳工条款（基于激励或制裁）和促进型劳工条款（针对监管和/或能力建设）。也就是说，在某些情况下，有条件的劳工条款是与能力建设因素相关的。

尽管大部分的贸易协定在其序言[4]或总体目标中都提及了劳工问题，但本研究仅针对那些包含有特定劳工标准和/或有关特定劳工标准的合作、监测或协商框架的劳工条款。同时，那些大量有关人力资源开发和劳工迁移的条款也不在本研究的范围之内。

---

1 比如，新西兰和泰国在2005年达成的有关劳工问题的安排指出：“该安排对参与方不具有法律约束力”（第四章第一节）。

2 此类条款同样纳入某些投资条约中，比如2004年美国和乌拉圭签署的双边投资条约。

3 某些贸易协议免除双方在贸易协议下部分与劳工问题相关的义务。不过，此类条款与其他条款的不同之处在于，其不包括对某国政府必须遵从的劳工领域的要求，只是贸易协议中的义务的例外情况。因此，在本研究中，未将此类条款视为劳工条款。很多此类条款十分有限，仅仅涉及了“囚工”。仅有一项协议，即《加勒比海共同体和共同市场协议》（1997年），涉及有关童工的内容。

4 有关该方面的具体分析内容，参见 Bourgeois 等（2007）。

二、贸易安排中劳工条款的关键特征是什么？

某些单边贸易安排中存在有条件的劳工条款……

劳工条款于1984年首次引入美国的普遍优惠制（简称普惠制）。作为贸易优惠合格性的条件之一，该贸易安排规定相关的国家“必须已经采取或正在采取措施提供国际公认的劳工权利”。社会合作方和相关的民间组织可以提交声称违反此类条款的文件。不过，美国政府在有关该条款的适应性方面拥有一定的自由裁量权。[1]到目前为止，美国已将类似的劳工条款纳入其影响更为深远的贸易优惠安排，如《加勒比海盆地经济复兴法案》（1990年）、《安第斯机会法案》（1991年）和《非洲增长与机会法案》（2000年）（Greven，2005）。[2]

1995年，欧盟[3]的欧盟委员会在其普惠制中引入了劳工条款，详见表3.1（Orbie和Tortell，即将出版）。

在此进展方面，尤其值得一提的是实施方法从以往单纯基于制裁的方法转向“胡萝卜加大棒”的实施方法。所谓“胡萝卜加大棒”是指在“严重和系统违反”劳工条款时给予制裁，而在完全履行这些权利时则给予额外的优惠措施。[4]必须强调的是，欧盟一直援引的是国际劳工组织相关的公约，而非制定自己的劳工标准。这方面的一个重大变化情况是，最初欧盟的普惠制仅仅援引了部分国际劳工组织的基本公约，但自国际劳工组织1998年宣言公布后，欧盟相继扩大了其两项劳工条款的范围，并从2002年起，将国际劳工组织所有的基本公约包括在内。[5]

---

1 例如，美国普惠制中的劳工条款规定，如果贸易一方未“采取措施”，可以撤回普惠制，并且可以因国家的经济利益原因而取消普惠制，从而给予了管理机构以很大的解释余地（Greven，2005）。

2 此外，美国国会颁布了一项贸易法规，继续否决了受制于贸易制裁的普惠制劳工条款中所包含的劳工标准，包括撤销贸易优惠（《美国1974年第301（b）和（d）节综合贸易和关税法案》，1984年修订），禁止由童工生产的商品进入美国市场销售（《1930年消除强制性童工法案》，1997年修订）。不过，由于本研究仅针对贸易协议中的劳工条款以及单边贸易优惠制度，这些文书不在本章节的研究范围之内。

3 自《里斯本条约》于2009年12月1日正式生效后，“欧盟”一词替代了“欧洲共同体”。在此之前，欧洲共同体是处理欧盟成员国贸易问题的法定机构。在本文援引特定的法案时，也将使用其最初的名称（即欧洲共同体）。

4 后者通常称之为“普惠制+”。

5 自2005年以来，劳工条款已纳入了一个更综合全面的安排之中，该安排包括一系列有关人权环境和良好治理的文书，参见2005年6月27日颁布的欧洲共同体第980/2005号条例，规定实施了关税普惠制（OJ L 169，30.6.2005，第1—43页）；2008年7月22日颁布的欧洲共同体第732/2008号条例，规定在2009年1月1日—2011年12月31日期间实施关税普惠制（OJ L 211，6.8.2008，第1—39页）。

表 3.1　1995—2002 年，欧盟普惠制中劳工条款的演变过程

	援引的国际劳工组织文书	实施机制
第一代（1995 年）*	第 29 号和第 105 号公约	在出现"严重和系统违反"这些公约规定的情况下，将撤销这些贸易优惠条件
第二代（1999 年）*	第 29 号和第 105 号公约（有关基于制裁的劳工条款）	在出现"严重和系统违反"第 29 号和 105 号公约规定的情况下，将撤销这些贸易优惠措施
	第 87、98、100、111、138 和 182 号公约（有关基于激励的劳工条款）	如果完全遵从 87、98、100、111、138 和 182 号公约的规定，将给予额外的优惠措施
第三代（2002 年）*	1998 年宣言，所有基本公约	在出现"严重和系统违反"基本劳工公约规定的情况下，将撤销这些贸易优惠措施；如果完全遵从这些公约规定，将给予额外的优惠措施**

注：* 年份是指国际劳工组织文书正式生效的年份。** 自 2006 年以来，各国必须同时批准国际劳工组织所有的基本公约才有资格获得额外的优惠措施。

资料来源：国际劳工问题研究所，基于其所收集的有关欧盟贸易安排的信息。

……在美国和加拿大缔结的很多贸易协定中也存在有条件的劳工条款……

《北美劳工合作协定》（NAALC）（1994 年）是首个将劳工条款与其经济影响相结合的协议。该协议是《北美自由贸易协定》（NAFTA）的一个附属协议。在随后的贸易协定中，美国进一步采纳了该方法，其演变过程详见表 3.2。

早期的美国贸易协定在争取确保劳工权利的高标准的同时，主要针对为执行单个的协议所具体要求的国家劳动法所必须履行的义务。[1]此外，所有自 1998 年以后缔结的协议都援引了国际劳工组织 1998 年宣言，但劳工条款的范围并未将"宣言"中的有关内容充分纳入在内。不过，最近这种实施方法发生了改变。美国最近与秘鲁、哥伦比亚和韩国分别缔结的贸易协定（后两个协议尚未正式生效）就要求缔约方在执行本国劳动法的同时遵从国际劳工组织的"核心劳工标准"。

所有这些贸易协定规定了解决有关劳工条款分歧的后续机制，作为一种最终手段，这可能给那些违反劳工条款的缔约方带来经济影响。[2]比如，《北美劳工合作协定》规定最高罚款可以为 2000 万美元。不过，在本协议所提及的有关劳动法的 11 个领域中，仅有三个领域适用上述这一点。除《美国—约旦贸易协定》[3]明显不同外，美国此后与澳大利亚、巴林、中美洲各国

1　在援引国际劳工组织 1998 年宣言的同时，很多美国贸易文书又有别于通常认可的"核心劳工标准"，排除了非歧视条款，另外包含了如职业安全和健康，甚至最低工资等其他条款。这遭到了部分人士的批评，他们担心这种设计在长期可能会冲淡"核心劳工标准"的理念（Doumbia-Henry 和 Gravel，2006）。

2　在未缴纳罚款的情况下，可能施行同等的贸易制裁。

3　在《美国—约旦贸易协议》中，双方在批准该协议前交换了附属协议。根据该协议，在双方出现分歧时不得采用贸易制裁。不过，在违反劳工条款时可采取的其他措施方面，没有设定具体的对策限制（Bolle，2003）。

表 3.2 1994—2009 年，美国贸易协定中劳工条款的演变过程

贸易协定的名称及其生效年份	援引的国际劳工组织文书	劳工条款的范围和内容	实施机制
《北美自由贸易协定》/《北美劳务合作协定》(1994 年)	无	争取实现国家劳动法在“核心劳工标准”领域的高水平，最低的工作条件***以及移民权利。执行这些领域中的劳动法****	最高罚款 2000 万美元/总贸易量（商品）的 0.07%（仅在国家劳动法中未采用有关童工、职业安全和健康，以及最低工资的条款的情况下）
与约旦之贸易协定(2001 年)	国际劳工组织 1998 年宣言	“争取确保”“核心劳工标准”（除不歧视条款外）以及最低的工作条件。执行这些领域中的劳动法****不得在削弱劳动法的前提下鼓励开展贸易或外国直接投资	根据该协议的常规争端解决机制，实施常规贸易制裁
与智利（2004 年）、新加坡（2004 年）、澳大利亚（2005 年）、摩洛哥（2006 年）、巴林（2006 年）、中美洲各国/多米尼加共和国《中美洲自由贸易协定》（2006 年）、阿曼（2009 年）之贸易协定	国际劳工组织 1998 年宣言第 182 号公约**	“争取确保”“核心劳工标准”（除不歧视条款外）以及最低的工作条件。执行这些领域中的劳动法****不得在削弱劳动法、违反本协议中所包含的劳工原则的前提下鼓励开展贸易或外国直接投资	对未在这些领域适用国家劳动法，最高罚款 1500 万美元（上交特殊劳工权利基金）
与秘鲁（2009 年）、与哥伦比亚*、韩国*之贸易协定	国际劳工组织 1998 年宣言第 182 号公约**	确保遵从《国际劳工组织宣言》中的核心劳工标准，执行相关的国家法****不得以违反“核心劳工标准”、影响贸易或投资的方式削弱劳动法的实施	根据该协议中的常规争端解决机制实施常规的贸易制裁或财政评估

注：*已签署但尚未正式生效的协议。**鼓励遵从第 182 号公约被视为一个潜在的劳工合作优先领域。《美国—澳大利亚贸易协定》未援引该公约。***在本表中，“最低工作条件”这一术语用来描述与工作小时、最低工资以及职业安全和健康有关的最低标准。这适用于“影响贸易”或者目前“与贸易有关”（在《北美劳工合作协定》的情形下）的范畴。

资料来源：国际劳工问题研究所，基于所收集的有关美国贸易协定的信息。

及多米尼加共和国、智利、摩洛哥和新加坡签署的贸易协定都对罚款做出了规定。这些罚款将上交至一个特殊的基金，该基金设立的宗旨是为相关的违反劳工权利、能力建设以及其他措施提供资金。不过，最近签署的美国贸易协定取消了这种实施方法，规定按照常规争端解决机制来处理违反劳工条款的情况，这些解决机制适用于贸易协定中的贸易争端。不过，必须指出的是，所有这些争端解决机制都强调友好解决争端的原则，通常要由相关的专门小组和/或其他中立机构进行多个阶段的协商和评估之后才会做出最终的经济处罚措施。

《美国—柬埔寨纺织贸易协定》采纳了一种独一无二的实施方法，即积

表 3.3　1997—2009 年，加拿大贸易协定（除《北美劳工合作协定》/《北美自由贸易协定》）中劳工条款的演变过程

贸易协定的名称及其生效年份*	援引的国际劳工组织文书	劳工义务	实施机制**
与智利之贸易协定（1997 年）	无	争取实现国家劳动法在“核心劳工标准”领域的高水平，最低的工作条件***以及移民权利。执行这些领域中的国家劳动法。	最高罚款 1000 万美元（在国家劳动法中未采用有关童工、职业安全和健康以及最低工资的条款的情况下）
与哥斯达黎加之贸易协定（2002 年）	国际劳工组织 1998 年宣言	争取实现国家劳动法在“核心劳工标准”领域的高水平，最低的工作条件***以及移民权利。执行这些领域中的国家劳动法。	仅更改劳工合作活动（在未在这些领域适用国家劳动法的情形下）
与秘鲁之贸易协定（2009 年），与哥伦比亚之贸易协定（已经签署但尚未正式生效）	国际劳工组织 1998 年宣言第 182 号公约****	遵从“核心劳工标准”、职业健康和安全、最低工资、工作小时以及移民权利。执行这些领域中的国家劳动法*****	最高罚款 1500 万美元（仅适用于国际劳工组织 1998 年宣言中包含的问题）上交至特殊劳工权利基金
与约旦之贸易协定（已经签署但尚未正式生效）	国际劳工组织 1998 年宣言，第 182 号公约****	遵从“核心劳工标准”、职业健康和安全、最低工资、工作小时以及移民权利。执行这些领域中的国家劳动法*****	罚款（仅适用于国际劳工组织 1998 年宣言中包含的问题）上交至特殊劳工权利基金

注：* 所有的协议均为劳工附属协议。** 实施机制仅适用于“与贸易相关的”问题。*** 在本表中，“最低工作条件”这一术语用来描述与工作小时、最低工资以及职业安全和健康有关的最低标准。**** 本公约所提及的背景是本协议项下的劳工合作。***** 另外，这些协议要求缔约国不得在使本国的劳动法违反本协议中所包含的劳工原则的前提下鼓励开展贸易或投资。

资料来源：国际劳工问题研究所，基于所收集的有关加拿大贸易协定的信息。

极的激励措施而非处罚措施。根据该项协议，遵从特定的劳工标准将换来市场准入限额的提高。为此，在该贸易协定启动时就确定了在遵从劳工标准方面的很多目标。例如，如果服装业（占柬埔寨总出口量的 90%）的企业满足相关的劳工标准，其市场准入限额将相应得到提高（Polaski，2008）。

加拿大贸易协定中的劳工条款也经历了与美国类似的发展过程，即从单纯执行国家劳动法转向遵从最低劳工标准（见表 3.3）。劳工条款并未纳入加拿大贸易协定本身的文本之中，但纳入了特殊的附属协议，这一点与《北美自由贸易协定》类似。除与哥斯达黎加的协议外，加拿大贸易协定中的劳工条款规定了对不遵从相关劳工条款的罚款。这些罚款将上交至一个用于解决劳工权利问题的特殊基金。罚款额度从旧有贸易协定中的最高 1000 万美元到最近贸易协定中的最高 1500 万美元不等，而《加拿大—约旦贸易协定》对罚款的上限没有规定。该协议在 2009 年签署，但截至报告发布之日尚未正式生效。所有这些协议都规定双方应开展对话，并且协议还包括技术援助的内容。每项协议中的这些活动由一个部长级委员会负责处理，各国的国家级机构提供协助。在实施机制方面，协议再次强调通过友好协商，而不是强制制裁来解决争端。

表 3.4　非洲贸易协定中的劳工条款

贸易协定的名称及其生效年份	援引的国际劳工组织文书	劳工条款的范围
《西非国家经济共同体条约》(1993 年)*	–	在就业问题、劳动法统一以及促进女性专业组织方面的合作
《建立东部非洲和南部非洲共同市场的协议》(1994 年)	–	在就业条件和劳动法方面的合作
《建立东部非洲共同体条约》(2000 年)	–	在就业和工作条件，尤其是性别平等（包括废除歧视性法律和做法）方面的合作

注：* 本协议于 2005 年进行修订。

资料来源：国际劳工问题研究所，基于所收集的有关非洲贸易协定的信息。

……而在非洲、亚洲、拉丁美洲、加勒比地区的国家之间及欧盟缔结的贸易协定中的劳工条款则主要属于促进型劳工条款。

有条件的劳工条款把遵从劳工标准与其有形的经济影响联系在一起。除此以外，还有很多促进型劳工条款。

如表 3.4 所示，三个**非洲区域性贸易协定**中均含有劳工条款。这些劳工条款并不要求履行特定的劳工标准承诺或者达到特定程度的劳工保护，相反侧重于就劳工问题开展合作。

亚洲国家和地区缔结的贸易协定越来越多地涉及劳工条款，其往往以附属协议的形式体现。[1]

从表 3.5 中可以明显看出，这些劳工条款很多都强调各国在劳工问题方面开展合作，其合作形式主要为信息交流以及合作项目。在此方面，接近一半的劳工条款建立了具体的实施机制。此外，几乎所有的贸易安排都规定了某种类型的额外承诺。在所有这些义务中，最为广泛的要求是不得为鼓励贸易和投资而降低其本国劳动法的保护水平。在这些劳工条款中，有四个劳工条款包括在附属协议或谅解备忘录中。这些协议或谅解备忘录通常不具有法律约束力，其中有三个协议规定通过友好协商解决分歧。[2]

《中国台湾—尼加拉瓜贸易协定》、《日本—菲律宾贸易协定》和《日本—瑞士贸易协定》将劳工条款纳入其中。《中国台湾—尼加拉瓜贸易协定》中包含了遵从特定劳工权利以及执行这些领域中的国家法的承诺，而《日本—菲律宾贸易协定》和《日本—瑞士贸易协定》仅要求缔约国不得为鼓励投资而降低其劳动法的保护水平。有关所有这三项协定所涉及的争端（包括其解释和适用性）可提交至常规争端解决机构，不过这些协议强调为避免此类争端的出现应事先开展协商（Bourgeois 等，2007）。

这方面的一个特例是 1992 年成立的东南亚国家联盟（简称“东盟”，ASEAN）。尽管未将劳工条款纳入协议或其附属协议的文本之中，但东盟各

1　在南亚区域合作联盟（SAARC）的协议下，2004 年通过了一项社会章程。该章程涉及妇女和儿童权利，但未明确地涉及劳工问题。

2　《新西兰—泰国劳工附属安排》明确指出，它对“参与方不具有法律约束力”。

表 3.5　亚洲国家和地区缔结的贸易协定中的劳工条款

贸易协定的名称及其生效年份	援引的国际劳工组织文书	对特定最低劳工标准的承诺**	不得以削弱劳动法的方式鼓励贸易或投资	在劳工问题方面开展合作	特殊机构	在出现分歧时的协商机制
新西兰—泰国贸易协定（2005 年）	1998 年宣言	有	有	有	劳工委员会	有
智利—中国贸易协定*（2006 年）	无***	无	无	有	无	无
跨太平洋战略经济合作伙伴协定*（2006 年）	1998 年宣言	有	有	有	国家联络点	有
新西兰—中国贸易协定（2008 年）*	1998 年宣言	无	有	有	无（但有高级别官员会议）	无（但就可能共同关心的劳工问题进行讨论）
日本—菲律宾贸易协定（2008 年）	无	无	有	无	无	有****
中国台湾—尼加拉瓜贸易协定（2008 年）	无	有	有	有	劳工事务委员会	有****
日本—瑞士贸易协定（2009 年）	无	无	有	无	无	有****

注：* 劳工条款包含在劳工附属协议或谅解备忘录中。**这些承诺通常不是一项具体的承诺，只是政治目标。*** 不过，本协议的序言援引了国际劳工组织的目标。**** 本协议中的劳工条款服从常规的争端解决机制，这可能最终导致贸易好处的中止。不过，由于贸易好处的中止必须与违反劳工条款所导致的经济损失（这可能很难证实）保持一致，要真正实施起来可能很难。

资料来源：国际劳工问题研究所，基于所收集的有关亚洲贸易协议的信息。

国于 2007 年通过了一项有关职业安全和健康的行动计划。[1]该行动计划要求东盟成员国制定一份基于国际劳工组织的国际劳工标准以及最佳实践的核查清单，其目的是统一成员国的相关政策。该行动计划鼓励各成员国之间开展经验交流，并让国际劳工组织参与其成员国的能力建设活动。[2]

欧盟与其他国家**缔结的贸易协定**中的劳工条款也经过了一个明显的演变过程。[3]欧盟贸易协定中的劳工条款重点强调技术援助和发展合作（Bartels，2008）。表 3. 6 列举了欧盟对其贸易协定中劳工条款的主要实施方法。

1　参见 http：//www. aseansec. org/20917. pdf。

2　国际劳工组织与东盟签署了一份谅解备忘录，双方将开展信息交流以及联合举办研讨会等活动，详见：http：// www. aseansec. org/20686. htm。

3　欧盟本身也基于一项条约，该条约对欧盟对内以及对外贸易做出了广泛的规范，并同时包括有关劳工问题的条款。欧盟各机构也采纳了各种劳工立法，包括有关最低工作和就业条件以及工人协商的立法（Bercussion，2009）。不过，到目前为止欧盟的一体化阶段超过了其他一体化协议，在其内容、范围以及欧盟成员国法令内的法定效力方面，欧盟的立法日益接近国家联邦法律。因此，在本研究中，未将欧盟的劳工立法视为劳工条款。这也同样适用于欧洲经济区。

表 3.6　欧盟贸易协定中不同类型的劳工条款

贸易协定的名称及其生效年份	援引的国际劳工组织文书	劳工条款的范围
与巴勒斯坦民族权力机构（1997 年）、摩洛哥（2000 年）、以色列（2000 年）、阿尔及利亚（2005 年）和喀麦隆（2009 年）之贸易协定	无	就与劳工标准相关的部分问题开展合作和/或对话
与智利之贸易协定（2003 年）	基本劳工公约	承诺重视对基本社会权利的尊重，包括通过推动国际劳工组织基本劳工公约以及社会对话来维护基本社会权利 就各种劳工和社会问题开展合作
与南非（2000 年），非洲、加勒比及太平洋地区国家（2003 年）之贸易协定*	基本劳工公约	重申缔约方对国际劳工组织“核心劳工标准”的承诺 就各种劳工和/或社会问题开展合作
与加勒比论坛（即非洲、加勒比和太平洋地区国家的加勒比论坛）国家之贸易协定（2008 年）	1998 年宣言，基本劳工公约	承诺：①确保遵从国际劳工组织的“核心劳工标准”；②不得为鼓励贸易或投资而削弱或者不适用国家劳动法 制定有利益相关方参与的合作和监测框架，与国际劳工组织的非强制性协商 建立友好解决分歧的框架——如果争端无法通过协商解决，可以采取除贸易制裁以外的相应措施（如重新调整合作活动等）
与韩国之贸易协定（于 2009 年签署，但尚未得到正式批准）	1998 年宣言，基本劳工公约，同时鼓励缔约方批准其他最新的国际劳工组织公约	承诺：①履行和推动国际劳工组织基本劳工公约；②履行得到批准的国际劳工组织的各种公约；③不得以影响贸易或投资的方式削弱或不适用国家劳动法 制定有利益相关方参与的合作框架，与国际劳工组织的非强制性协商**

注：* 本协议尚未通报给世界贸易组织。** 这些条款仅适用于“与贸易相关的劳工问题”。

资料来源：国际劳工问题研究所，基于所收集的有关欧盟贸易协定的信息。

某些协议规定了在众多不同领域的合作和对话。[1] 自 20 世纪 90 年代末以来，欧盟开始在其双边协议中更多地援引国际劳工组织的“核心劳工标准”，并强调国际劳工组织在此方面所发挥的作用（欧盟委员会，2004）。最近签署的《欧洲共同体—加勒比论坛国贸易协定》（2008 年）在此方面更进一步。除了援引国际劳工组织 1998 年宣言和体面工作的概念，该协议还要求缔约方履行众多的具体承诺。在劳工条款的解释和履行方面出现分歧时，缔约方可以要求协商解决，并可能与专家委员会和国际劳工组织进行磋商。如果争端未能在九个月之内得到解决，其中一方可以将争端提交由常规争端解决机制来解决。如果仍未达成共识，可以采取临时性的措施。不过，

1　不过，值得注意的是，欧盟经常在劳工标准领域向其经济合作伙伴提供技术援助和合作，即便这一点未在贸易协定的文本中明确做出规定也是如此。

表 3.7　拉丁美洲和加勒比地区贸易协定中的劳工条款

贸易协定的名称及其生效年份	特定的文书	援引的国际劳工组织文书	对特定最低劳工标准的承诺	劳工合作或监测框架
加勒比共同体和共同市场条约（CARICOM）（1973 年）	修订条约的文本（1997 年）	无	无	在人类和社会发展委员会内的技术合作
	加勒比共同体民间组织章程（1995 年）	无	有（包括自由结社、童工、工作条件、职业安全和健康等）	秘书长对进展情况进行审查
	劳工和工业关系原则宣言（1998 年）	《国际劳工公约》	有（涵盖劳动法的不同领域，包括“核心劳工标准”）	无
安第斯共同体的卡塔赫纳协定（1998 年）	有关职业安全和健康的安第斯文书（1999 年，2004 年修订）	无	有（在职业安全和健康领域）	劳工委员会提供技术援助，主要是在有关解释安第斯文书时出现分歧的情形下提供技术援助
南方共同市场（1991 年）	社会—劳工宣言（1998 年）	1998 宣言	有（涵盖劳动法的不同领域，包括“核心劳工标准”）	对话、合作和由社会—劳工委员会开展的进度评估

资料来源：国际劳工问题研究所，基于所收集的有关美洲和加勒比地区贸易协定的信息。

这些措施不得影响贸易优惠内容，仅能针对本协议涵盖的其他问题，如合作活动。此外，本协议还包括一个合作框架，可以为在加勒比论坛国存在问题的劳工领域开展能力建设提供一个有效的工具。

《欧洲共同体—韩国贸易协定》（自 2009 年 12 月正式生效）在此方面更加深入一步，专门列出一个有关劳工和环境问题的章节。尽管该协议中的承诺绝大部分与《欧洲共同体—加勒比论坛国贸易协定》中的承诺保持一致，但该协议中规定将组建两个国内顾问小组（每个缔约方一个），顾问小组将就劳工条款的履行情况提供咨询。与《欧洲委员会—加勒比论坛国贸易协定》所不同的是，《欧洲共同体—韩国贸易协定》明确排除诉诸于常规争端解决机制和潜在的制裁措施的可能性。

拉美和加勒比贸易协议中的劳工条款最早出现于 20 世纪 90 年代的区域一体化过程中。尽管三个贸易协定（即安第斯共同体、加勒比共同体和南方共同市场协议）在其一体化的实施方法方面有所不同，但它们都包括有社会考虑因素，虽然这些内容是以宣言或者单独文书的形式附加在各自协议上的。所有这三个贸易协定的缔约国均承担不同的劳工条款的义务。不过在安第斯共同体协议中，该承诺仅限于职业安全和健康。这些劳工条款均规定了部分后续措施，包括技术合作或者由特定的机构或委员会开展监测（见表 3.7）。

在最近签署的双边贸易协定或相关附属协议中（见表 3.8），拉丁美洲国家和地区也将劳工条款纳入其中。智利贸易协定中劳工条款的逐步演变过程尤其引人注目：最初仅是劳务合作（与中国签署的贸易协定），随后开始援引国际劳工组织宣言（与澳大利亚签署的贸易协定）以及对劳工标准的全面承诺（最近与哥伦比亚签署的贸易协定，不过该协议并未规定可以诉诸于常规争端解决机制，因为那样做可能导致贸易制裁）。

表 3.8　拉丁美洲国家和地区缔结的双边贸易协定中的劳工条款*

贸易协定的名称及其生效年份	援引的国际劳工组织文书	对特定最低劳工标准的承诺***	执行某些领域的国家法	不得在削弱劳动法的前提下鼓励贸易或投资	有关劳工问题的合作	在出现分歧时的协商机制	特殊机构
中国—智利贸易协定（2006年）**	无****	无	无	无	有	无	无
中国台湾—尼加拉瓜贸易协定（2008年）	无	有	有	有	有	有	劳工事务委员会
澳大利亚—智利贸易协定（2009年）	1998 宣言	无	无	无	有	无	国家联络点
智利—哥伦比亚贸易协定（2009年）	1998 宣言	有	有	有	有	有	国家联络点，高级别会议

注：* 表 3.8 未涵盖拉丁美洲国家与加拿大、欧盟和美国之间缔结的贸易协定中的劳工条款，这些劳工条款在前文中已探讨过。**劳工条款涵盖于劳工附属协议或谅解备忘录之中。***这些承诺通常作为政治目标，其正式的内容有时相当模糊。****不过，本协定中的序言援引的是国际劳工组织的目标。

资料来源：国际劳工问题研究所，基于所收集的有关拉丁美洲贸易协定的信息。

三、劳工条款的实际影响是什么？

越来越多的贸易安排包含有劳工条款……

鉴于贸易安排的分散性特征及其高度的扩散性，很难对贸易安排，尤其是贸易协定进行量化（Fiorentino 等，2006）。以下计算基于世界贸易组织区域性贸易协定信息系统[1]以及联合国贸易和发展会议（UNCTAD）的网站，该信息系统列举了向世界贸易组织通报的贸易协定，而联合国贸易和发展会议网站列举了目前仍有效的普惠制。[2]在现有的 11 个普惠制中，有两个包括有条件的劳工条款。在现在有效并且向世界贸易组织通报的 186 个贸易协定中，有 37 个包括有条件的或促进型劳工条款。[3]

正如图 3.1 的第一组中所示，在过去 20 年间，有条件的劳工条款以及促进型劳工条款的数量出现了显著增长（同时参见表 3.9）。1990 年尚未有包括劳工条款的贸易协定正式生效；到 2005 年，包括促进型劳工条款和有

1　参见 http：//rtais. wto. org/UI/PublicMaintainRTAHome. aspx。

2　目前全球共有 11 个国家（地区）采取了单边普惠制，它们分别是澳大利亚、白俄罗斯、加拿大、欧盟、日本、新西兰、挪威、俄罗斯联邦、瑞士、土耳其和美国。参见 http：//www. unctad. org/Templates/Page. asp？ intItemID＝2309&lang＝1。

3　该图指的是报告给世界贸易组织的“整合”贸易协定。按照这种计算方法，相同的双方就商品和服务分别达成的贸易条款仅计为一项贸易协定，无论这些条款是否严格地包含在同一个协定之中（通常如此）。此外，未计算加入现有的贸易协定的数量。

表 3.9　拥有劳工条款的贸易安排的比例

普惠制		贸易协议		
总数	包含有条件的劳工条款的数量	总数	包含有条件的劳工条款的数量	包含促进型劳工条款的数量
11	2	186	17	20

资料来源：国际劳工问题研究所，基于所收集的有关欧盟贸易安排和政策的信息。

图 3.1　拥有劳工条款的贸易协定数量日益增多的发展趋势*

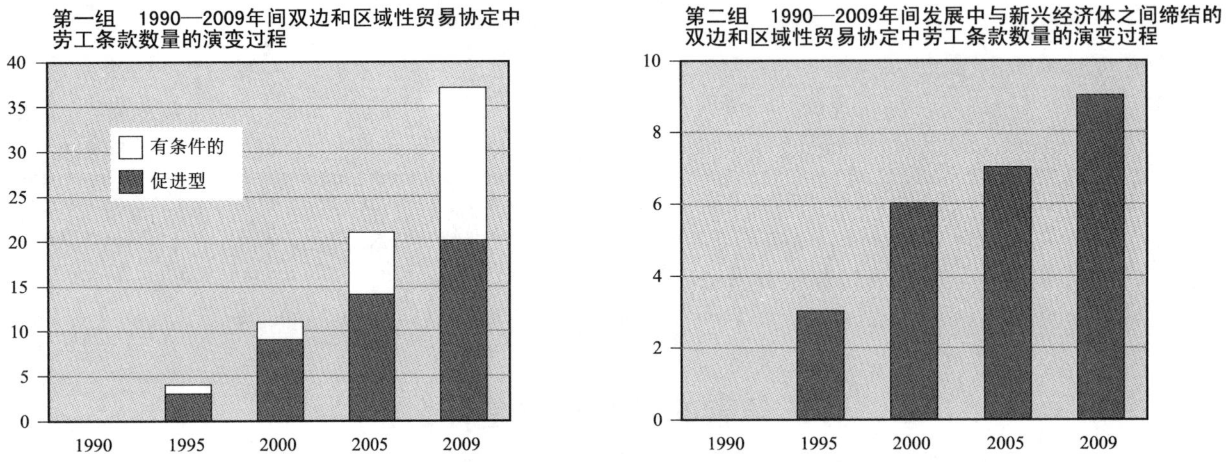

注：＊2009 年的数据是指 2009 年 1 月 1 日至 2009 年 10 月 29 日期间的数据。

资料来源：国际劳工问题研究所基于世界贸易组织区域性贸易协定信息系统以及各国政府和条约机构的信息得出的估算数据。

图 3.2　1995—2009 年间包含有劳工条款的贸易协定在所有生效的贸易协定中的比例*

（百分比）

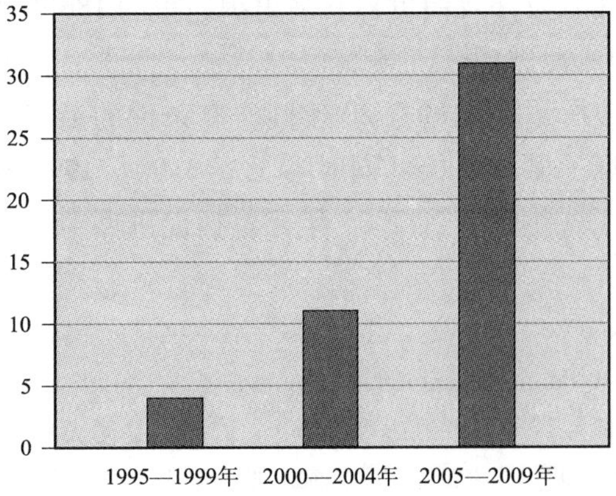

注：*2009 年的数据是指 2009 年 1 月 1 日至 2009 年 10 月 29 日期间的数据。

资料来源：国际劳工问题研究所基于世界贸易组织区域性贸易协定信息系统以及各国政府和条约机构的信息得出的估算数据。

表 3.10　2008 年劳工条款所涵盖的进口量在来自受益国总进口量中的比例

美国普惠制	美国《非洲增长与机会法案》	美国《安第斯贸易优惠法案》	美国《加勒比海盆地经济复兴法案》	欧盟普惠制	欧盟普惠制 +
16.1	69.0	60.5	24.3	8.2	23.2

资料来源：国际劳工问题研究所基于欧盟贸易总署数据（网址：http://ec.europa.eu/trade/issues/global/gsp/index_en.htm）以及美国国际贸易委员会第 60 个年度报告（美国国际贸易委员会第 4091 号出版物，2009 年 7 月，《2008 年度贸易数据》，贸易协议计划）得出的估算值。

条件的劳工条款的贸易协定数量已分别增长至 14 个和七个。[1]到 2009 年，已生效的促进型劳工条款和有条件的劳工条款的数量已分别增长至 20 个和 17 个。

尤其值得一提的是，近年来包括有劳工条款的贸易协定的比重出现了增长。图 3.2 对此类已经生效的协定在三个不同时期的演变过程进行了对比。从图中可以看出，在 1995—1999 年间，已经生效的包含有劳工条款的贸易协定的比例仅为 4%，2000—2004 年间上升至 11%。而在 2005—2009 年，这一比例飙升至 31%——接近这一时期已经生效的所有贸易协定的 1/3。[2]

……劳工条款不仅被纳入南北贸易协定，同时也被纳入越来越多的发展中和新兴经济体之间缔结的贸易协定……

与此同时，发展中和新兴经济体之间缔结的、包括有劳工条款的贸易协定的数量也不断增加（Fiorentino 等，2006）。图 3.1 的第二组显示，在 1990 年，发展中和新兴经济体之间签署的、包含有劳工条款的贸易协定为零；到目前为止，这一数量已增加至九个。对这些劳工条款进行分析后表明，除了一个贸易协定外，其余八个中的劳工条款仅为促进型劳工条款。[3]

……同时，可能产生显著的，但各不相同的经济影响。

美国普惠制和欧盟普惠制分别涵盖了从其相关受益国总进口量中的 1/5 和 1/10。在《非洲增长与机会法案》（AGOA）中，来自受益国总进口量中的 69% 被纳入普惠制，在《安第斯贸易优惠法案》（ATPA）中，这一数字约为 60%。欧盟普惠制和美国《加勒比海盆地经济复兴法案》（CBERA）中的特别激励措施涵盖了从其相关受益国总进口量中的大约 1/4（见表 3.10）。

1　注意，这些数据中未包括欧盟早期缔结的“加入协定”。

2　百分比是指不计算加入协定和此前与同时是欧盟成员国的国家签署的协定的“整合”贸易协定（见上条注释）。在贸易协定生效后加入劳工条款的情况下，该数据指的是贸易协定正式生效的年份。

3　仅《中国台湾—尼加拉瓜贸易协定》中包括有原则上可能导致中止贸易优惠的劳工条款。

由于很难确定贸易协定中涵盖的准确贸易量，区域性贸易协定的经济影响也很难评测。Kawai Dean 和 Wignaraja（2007：12）指出，由于根据贸易协定所提供的特定商品存在很多的例外情况，很难确定其所涵盖的一个国家的贸易量。总的贸易量往往很大。不过，相关国家贸易量的最终关联性将取决于很多特定的因素（如劳工条款所涵盖的贸易和与其他贸易合作伙伴的贸易的相对重要性，或者履行和不履行社会条款的程度）。从更广泛的层面上讲，通过某项劳工条款而对其他国家实施贸易制裁也可能对该国的声誉带来不良影响，可能损害该国与其他国家的经济和政治关系（Kryvoi，2008）。在特定的情况下，除了协议中的经济影响外，这还可能带来政治上的影响。

近年来所缔结的双边和区域性贸易协定的数量日益增多，以及如上所指出的这些贸易协定特征和具体内容的不同，也提出了一个需要协调性的问题。那些已与多个贸易合作伙伴缔结贸易协定的国家可能发现，根据贸易协定的不同，它们可能必须服从不同的劳工条款的管辖。这可能导致一国被迫遵从不同类型的劳工条款。

在很多情况下都应用了基于制裁的劳工条款……

表 3.11 提供了 1985—2007 年期间美国贸易代表办公室（USTR）评估的与美国普惠制相关的 57 个诉讼案例的详细情况，其中 13 个已导致其优惠措施的撤销。在五个案例中，先前被撤销的优惠措施此后被重新恢复。2008 年，美国贸易代表办公室接受了两项新的投诉，目前仍在调查之中。

在欧盟普惠制中，自从 1995 年将劳工条款引入该贸易安排后，已有两个调查事件——分别针对缅甸和白俄罗斯的事件导致贸易优惠的撤销[1]。另外一项投诉是提交至欧盟委员会有关巴基斯坦强制使用童工的事件。在此，欧盟采取了一种不同的方法，没有启动相关的调查，而是侧重于政治对话（Brandtner 和 Rosas，1999）。在此背景下，欧盟同样为国际劳工组织的“消除巴基斯坦童工计划”所开展的活动提供了更多的支持（Greven，2005）。

到目前为止，本章所探讨的贸易协定中的劳工条款无一导致任何形式的制裁（Witte，2008）。不过，某些劳工条款得到了一定程度的使用。比如，2008 年根据《北美劳工合作协定》提交了 37 份制裁申请，但都在初期的部长级协商时便告终止。一半以上的诉讼案例在随后都展开了合作活动，如联合工作组或联合研讨会。[2] 2008 年，作为《中美洲自由贸易协定》（CAFTA）的一部分，有关方面对危地马拉提出诉讼（Compa 和 Brooks，

1 1997 年 3 月 24 日颁布的欧洲共同体第 552/97 号条例，暂时退出加入缅甸联邦的关税普惠制（OJ L 85，1997 年 3 月 27 日，第 8—9 页）；2006 年 12 月 21 日颁布的欧洲共同体第 1933/2006 号（欧洲委员会）条例，暂时退出加入白俄罗斯共和国的关税普惠制（OJ L 405，2006 年 12 月 30 日，第 35—40 页）。

2 不过 Compa 指出，工会和非政府组织对类似很多活动进行抵制，认为联合研讨会与所申诉的问题没有关联性（Compa 和 Brooks，2008，第 9 页）。

表 3.11　1985—2007 年间对美国普惠制中劳工条款的诉讼申请

美国贸易代表办公室接受的诉讼申请和自己启动的调查	拒绝接受的诉讼	全部或部分被中止的国家优惠措施	由相关国家采取措施得以解决的诉讼	中止后重新恢复的优惠措施
57	54	13	34	5

注：所接受的诉讼申请的数量与得到解决的诉讼申请的数量之间存在明显差异，其原因在于部分是现在正在调查的诉讼，其中有很多诉讼是针对同一个国家的多个诉讼申请，此后合并为一个单一的诉讼案件，此外还存在案件被允许到期的情况。

资料来源：美国贸易代表办公室，2008 年。

2008，第 32 页），最后有关方面提出了一些具体建议，[1]该案例目前仍在评估过程之中。[2]

……但对其有效性则知之甚少……

基于制裁的劳工条款对改善工作者实际状况的有效性这个问题的答案并不十分明确。不过，似乎有迹象表明劳工条款在某些情况下确实对劳工状况产生了影响。

部分学者认为，在有关美国普惠制的单边劳工条款方面，威胁撤销关税优惠的措施确实已使工作者的工作条件得到了改善（Frundt，1998；Compa 和 Vogt，2001）。总体而言，这些劳工条款对工作者工作状况的影响在很大程度上取决于国内社会合作伙伴的影响力（Greven，2005；Witte，2008）。此外，其他因素，包括受益国在经济上对市场准入的依赖度及其自身应对问题的技术能力，似乎也对美国普惠制中的劳工条款具有影响（Elliott 和 Freeman，2003）。[3]

不过，学者们普遍认为，《北美自由贸易协定》中的劳工条款的影响相当有限，仅在极少的情况下工作者的工作状况得到了直接、显著的改善（Greven，2005；Dombois，2006；Finbow，2006；Schurtman，2008）。在没有贸易制裁的情况下，主要的执行工具是公开谴责，其结果很难评测（Dombois，2006）。人们此前将诸如难以履行（Finbow，2006）以及执行规程过于冗长和麻烦（Compa 和 Brooks，2008）等因素引用为工会和非政府组织对《北美劳工合作协定》的兴趣减少的可能原因（如 Blackett，2007）。不过，学者日益指出通过实施《北美劳工合作协定》可以带来很多长期和间接的好处，这些好处包括加深对各方劳动法体系的认识和理解，在工会和非政府组织之间建立众多的跨国联盟等（Schurtman，2008；Buchanan 和 Chaparro，2008）。

1　美国劳工联合会—产业工会联合会（AFL-CIO）提出的申诉，详见 http://www.aflcio.org/issues/jobseconomy/globaleconomy/upload/guatemala_petition.pdf。

2　美国劳工部贸易和劳工事务局的报告，见 http：//www.dol.gov/ilab/media/reports/otla/20090116Guatemala.pdf。

3　这些学者基于 1985—1996 年间美国普惠制的实施案例开展了广泛深入的分析。

……也可以利用这些贸易安排中的合作机制。

鉴于制裁机制的实用性有限，人们认为美国贸易协定的主要支柱是合作机制（Griffin，1997）。有关各方在《北美劳工合作协定》下开展了广泛的合作活动，这些合作活动主要包括联合会议、研讨会和研究活动。不过，近年来这些合作活动的数量有所下降（Finbow，2006）。此外，有人对这些活动的设计表示反对（Polaski 和 Vyborny，2006；Finbow，2006）；其他人则对合作活动表示支持，认为这些活动是为《北美劳工合作协定》的长期持续发挥作用创建一个有利的环境所必不可少的一个条件（Compa 和 Brooks，2008）。

自《美国—智利贸易协定》签署后，双方采纳了一种更加实际的合作方法，这些活动旨在通过提高员工的技能以及通过改善机构在适用劳动法的规程达到提高智利相关机构能力的目的（García Hurtado，2006）。该实施方法在《中美洲自由贸易协定》的背景下得到了进一步的增强。根据该协议，自 2006 年以来，美国政府每年向《中美洲自由贸易协定》国提供 2000 万美元资助，用于这些国家在劳工标准领域内的能力建设。[1]美国当局与《中美洲自由贸易协定》各国在与各国社会合作伙伴协商的基础上制定了相关的行动计划。这些行动计划包括核实在实现“白皮书”[2]中确定的目标进展情况的机制，该机制包含国际劳工组织的监测。[3]合作活动主要侧重于以下五大领域，即增强各国劳动部的能力、改善劳动司法体系和为工作者提供的法律咨询服务、减少对组装厂（maquilas）的歧视、打击非法利用童工现象，以及加强有关劳工问题的遵从文化。尽管美国劳工部认为这些国家在劳工方面，尤其是打击非法利用童工方面取得了很多的进展，但非政府组织和工会认为这些活动的影响有限，[4]它们指出雇主不愿尊重劳工权利，社会合作伙伴和相关民间组织未充分参与这些活动的实施，同时项目缺乏评估和责任或者缺乏资金援助。[5]

根据《加拿大—智利劳工合作协定》，双方联合举办了多个研讨会和会议，主要就劳工标准的实施情况开展了信息共享和研究。2002 年，双方对

---

1 美国国务院发言人办公室，“美国承诺为《中美洲自由贸易协定》国家提供用于劳工和环境保护的资金”，2008 年 1 月 30 日第 2008/071 号媒体说明。http://sanjose.usembassy.gov/CAFTADR%20labor%20fact%20sheet%20CLEAN.pdf。值得注意的是，正如 Doumbia-Henry 和 Gravel（2006，第 196 页）所指出的，这些活动中明显包括性别平等问题，不过《中美洲自由贸易协定》的劳工条款中未包含有关消除性别歧视的问题。

2 美国劳工部国际劳工事务局（2009）“《中美洲自由贸易协定》中劳工章节项下的能力建设条款的实施进展”。按照《中美洲自由贸易协定》“实施法案”第 403（a）（3）节提交给国会的首个两年度报告，见 http://www.dol.gov/ilab/programs/otla/JeffersonReport.pdf。

3 该报告可从以下网址获取：www.oit.or.cr/verificacion。

4 所提交的报告全文见美国劳工部国际劳工事务局网站 www.dol.gov/ilab。

5 美国劳工部国际劳工事务局（2009），如前所引述。

专栏 3.1 《美国—柬埔寨纺织贸易协定》：积极刺激措施的经验

《美国—柬埔寨纺织贸易协定》所采取的实施方法在很多方面具有创新性。一个重要的特征是通过采用积极的刺激措施，即为确认遵从劳工标准的国家提高出口限额，从而使得政府和企业的利益保持一致（Polaski 和 Vyborny，2006）。国际劳工组织参与监测计划作为获取出口许可证所必要的前提条件，这样确保了该行业所有出口企业的充分参与。国际劳工组织接受委托对企业开展了全面的监测，并在互联网上发布了其详细的监测结果，从而为关注品牌信誉的买方在卖方对劳工标准的合规性方面提供了透明的信息。此外，那些旨在增强国家监管能力以及工作者和雇主协会作用的能力建设活动也有利于为推广劳工标准创建一个更为有利的环境。部分学者认为，这些活动在劳工条件得到改善、出口增长以及创造更多的就业机会之间形成了一个良性的循环（Polaski，2008；Berik 和 Vander Meulen Rodgers，2007）。1998—2004 年，柬埔寨服装行业的就业人口数量增长了两倍（Wells 2006），出口量从 1998 年的 50 万美元增长至 2004 年的 280 万美元（Polaski，2008）。其他学者在承认工作者工作条件得到部分改善的同时，也指出在有关加班、低工资以及企业抵制集体谈判方面仍存在问题（Wells，2006；Miller，2009）。世界银行的一项研究表明，一个基于劳工标准合规性的市场利基已经兴起，将该实施方法推广至其他行业可能取得成效（世界银行和国际金融公司，2005）。

该协定实施情况开展了三年一次的评估。评估结果建议使这些合作活动更加切合实际，并且与国际劳工组织建立更加紧密的联系。[1]《加拿大—哥斯达黎加劳工附属协议》将提供技术援助纳入其中，其目的是加强劳务检查以及采取新的途径解决有关劳工问题的争端，推动立法进程中的社会对话。[2]

采取基于激励的实施方法的少数几个案例具有很大的潜力……

到目前为止，基于激励的劳工条款相当匮乏，但这些劳工条款的初步实施情况表明其获得了相对积极的成果。

关于欧盟普惠制，Orbie 和 Tortell（即将出版）指出，部分国家已批准了国际劳工组织的“基本劳工公约”，以便有权享受欧盟普惠制基于激励的劳工条款项下的额外关税优惠。不过，人们对这些安排对实际改善相关国家劳工标准的影响程度并不清楚。[3]《美国—柬埔寨纺织贸易协定》在其影响方面获得了相对积极的评价（Kolben，2004；Polaski，2008）（见专栏 3.1）。[4]

---

1 同时参见“部长理事会有关《加拿大—智利劳工合作协定》三年期评估报告”，2002 年 12 月，网址：http://www.hrsdc.gc.ca/eng/lp/spila/ialc/2003_2004/02canada_chili_agreement.shtml。

2 参见加拿大政府网站：http://www.hrsdc.gc.ca/eng/lp/ila/NIILA/Tech_Ass_CCRALC.shtml。

3 部分国家尽管被国际劳工组织各机构认为违反了劳工标准，但仍获得优惠（Orbie 和 Tortell，2009）。

4 Polaski 指出，该“计划是美国迄今为止在推动国际劳工权利方面所做出的最佳投资”（Polaski，2004，第 25 页）。

……在发展中和新兴经济体之间缔结的贸易协定中也应运用劳工条款。

到目前为止，有关促进型劳工条款影响所开展的综合评估仍寥寥无几。这方面值得关注的一个试点项目是南方共同市场（MERCOSUR）。南方共同市场所采用的实施机制作为促进型机制，包括一个国家层次上的三方委员会和一个区域层次上的南方共同市场社会—劳工委员会（该委员会每年至少召开一次会议）。两个委员会的主要任务是制定促进《社会—劳工宣言》的实施计划和行动计划，并且监测其实施情况（Corries，2001）。其主要活动是要求南方共同市场成员国必须提交年度报告，该报告首先提交至国家层次上的三方委员会，随后再提交至区域层次上的社会—劳工委员会以征求其意见。尽管到目前为止，这方面的进展相对比较缓慢（Motta Veiga 和 Lengyel，2006），某些学者认为《社会—劳工宣言》将影响法院对国家法的解释，从而对南方共同市场国的国家法造成间接影响（Barretto Ghione，2002）。同时，有关方面还将《社会—劳工宣言》用作国家和地区层次上的社会对话平台（Tokman，2006）。其中一项成果便是德国跨国公司大众汽车与各国当地工会之间缔结的一个国际框架协议（Godio，2004）。

第二节　国际发展金融机构

以下章节探讨了劳工条款在发展金融机构（DFI）的投资政策中的应用情况。[1]本章节的研究包括了 17 个发展金融机构，这些机构的信息到目前为止已经获取到。这 17 个发展金融机构包括表 3.13 中所列的发展金融机构以及世界银行。在本章节中，发展金融机构政策中的劳工条款是指这些机构所采纳的有关其投资经营和规程的规范标准。

成立发展金融机构的目的是向资本获取有限的地区和行业的经济参与方提供资金来源。发展金融机构分为全球、地区和双边发展金融机构。从全球范围来看，世界银行集团下属五个金融机构，其中三个从事发展金融业务。[2]在地区层面的发展金融机构主要包括亚洲开发银行、非洲开发银行、欧洲复兴开发银行、欧盟的欧洲投资银行和美洲开发银行。此外，众多国家均建立了双边发展金融机构。

多边和地区发展金融机构通常归其成员国所有，部分双边发展金融机构也有一些私人股东，但其绝大部分的股份通常仍归国家政府所有（Dellacha 和 te Velde，2007）。世界银行集团的投资既包括对公共部门的投资（国际复兴开发银行和国际开发协会），也包括对私营部门的投资（国际金融公

1　发展金融机构通常为那些能够在一个既定期内得到偿还的项目提供资金。这些机构不同于开发机构。开发机构通常提供无需偿还的资助。

2　这些机构包括国际复兴开发银行（IBRD）、国际开发协会（IDA）和国际金融公司（IFC）。多边投资担保机构（MIGA）主要为发展中国家的外国投资者项目提供担保。世界银行集团最近成立了一个分支机构：国际投资争端解决中心（ICSID）。

司）。地区性银行也是如此，不过绝大多数的地区性银行通常优先考虑对公共部门的投资。双边发展金融机构通常主要针对私营部门进行投资。2005年，主要的发展金融机构共提供了450亿美元的贷款、股权和担保，其中不到一半（213亿美元）投向私营部门（te Velde和Warner，2007）。

目前，越来越多的国际组织呼吁发展金融机构在其投资经营中考虑提供体面工作条件的问题，或者至少不得阻碍体面工作条件的提供。[1]因此，将劳工问题纳入发展金融机构的投资经营中具备了相关的背景条件。近年来，劳工问题已日益纳入发展金融机构的运营之中。2002年，世界银行公开宣布支持所有四个“核心劳工标准”。[2]此外，地区性发展金融机构[3]和双边发展金融机构也采纳了类似的实施方法。

一、国际发展金融机构政策中的劳工条款经历了何种演变？

发展金融机构政策中的劳工条款通常并非直接针对各国政府……

贸易协定中的劳工条款通常主要针对各国政府，与其不同的是，发展金融机构政策中的劳工条款通常主要适用于私营部门的合作伙伴。

不过也有部分例外情况，如：

- 世界银行集团针对公共部门的分支（国际复兴开发银行和国际开发协会）将国际劳工组织的“核心劳工标准”纳入“国家援助战略”之中。该战略是由世界银行在相关借款国的合作下编制的。“国家援助战略”并不将借款国对“核心劳工标准”的合规性作为是否提供贷款的一个合格性标准。不过，世界银行力求通过与相关国家对话来应对与“核心劳工标准”相关的问题，即“未履行一个或多个核心劳工标准对该国发展前景造成负面影响的情形”（世界银行，2002）。
- 欧洲复兴开发银行（EBRD）近来也采纳了类似的政策（欧洲复兴开发银行，2008）。
- 自1985年以来，美国海外私人投资公司（OPIC）的政策纳入了与美国普惠制相关联的劳工条款。这意味着那些因为违反美国普惠制中的劳工条款而丧失贸易优惠的国家同样也被排除在美国海外私人投资公司的投资经营活动之外。对于那些未受益于美国普惠制的国家，该公司将开展单独的评估（Clatanoff，2005）。

1　联合国经济及社会理事会2006年《部长宣言》呼吁在国际和双边捐助机构的合作中，“在实现使所有人都享有充分的生产性就业和体面工作的目标方面开展合作和协调”（见该宣言的第33段）。全球化社会影响世界委员会也做了一个类似的声明（国际劳工组织，2004年，第94页）。

2　世界银行，“与非政府组织的座谈会会议记录”，华盛顿，2002年1月，Bakvis和McCoy引用（2008年，第5页）。

3　如亚洲开发银行的“社会保障战略”（亚洲开发银行的，2003年，第56页及以下）。

除上述这些例外情况外，发展金融机构政策主要针对私营企业在发展金融机构经营中的合规性，不过有时候（如欧洲复兴开发银行）也包括国有公共企业。

……但这些劳工条款日渐被纳入发展金融机构对私有和公共企业的投资政策中……

到目前为止，很多大型发展金融机构都已将劳工条款纳入其针对客户企业的政策之中。在此方面，国际金融公司发挥了主导作用。在 1998 年前，国际金融公司就已采纳了一项旨在应对劳工问题的保障性政策（国际金融公司合规顾问/巡查官办公室，2003）。2003 年，国际金融公司巡查官对该政策进行了评估，在与包括国际劳工组织在内的多个利益相关方进行磋商之后，国际金融公司通过了“国际金融公司社会和环境可持续性的政策和绩效标准”。“绩效标准 2”包含与劳工问题相关的具体要求。自 2006 年 5 月以来，这些绩效标准开始应用于国际金融公司资助的所有项目（Sims，2008；Bakvis 和 McCoy，2008）。国际金融公司的政策包括一系列综合全面的良好治理标准，这些标准被系统地纳入了与其客户签署的协议之中，详见表 3. 12。

总体而言，国际金融公司的绩效标准已经成为其他发展金融机构在制定其自身政策中的综合劳工条款的参照标准（Sims，2008）。例如，欧洲复兴开发银行 2008 年 5 月通过的“绩效要求”似乎就是受国际金融公司“绩效标准”的启发（欧洲复兴开发银行，2008）。其他金融机构的政策也同样受到这些绩效标准的影响。多边投资担保机构（MIGA）是世界银行集团下属的投资担保机构，于 2007 年采纳了“绩效标准”（多边投资担保机构，2007）。2003 年，多家国际领先的私营部门银行（称之为“赤道银行”）采纳了称之为“赤道原则”的条款。“赤道原则”于 2006 年进行了修订，包括了国际金融公司“绩效标准”的社会和环境保障内容。采纳“赤道原则”的各大银行承诺将在其所有金额不低于 1000 万美元的项目中适用这些原则。采纳“赤道原则”的银行数量从 2003 年的 10 家增长至 2008 年的 60 家。[1]国际金融公司估计，目前发展中国家的私人银行所资助的项目中，80% 的项目已经采纳了“赤道原则”（国际金融公司，2007）。

很多发展金融机构在国际金融公司之前或者与之同时在其投资政策中纳入了劳工条款。较早采纳劳工条款的是美国海外私人投资公司（OPIC），该公司于 1989 年便开始在其投资活动中采用劳工条款，要求客户遵从某些劳工标准（美国海外私人投资公司，2008）。自 20 世纪 90 年代末以来，欧洲的发展金融机构，尤其是丹麦发展中国家工业化基金会（IFU）、荷兰发展金融公司（FMO）和德国投资与发展有限公司（DEG）都将劳工条款纳入其投资政策之中。很多地区性发展金融机构和包括 2008 年成立的奥地利开发银行（OeEB）在内的双边发展金融机构近年来也同样将劳工条款纳入其投资政策之中。

1　参见 http：//www. equator-principles. com/。

表 3.12　国际金融公司绩效标准 2 中的劳工条款一览表

劳工问题	对国际金融公司客户适用的要求
通用问题	客户必须采纳人力资源（HR）政策，并将其有关雇佣和工作条件的信息“进行存档，同时通报其员工”
自由结社	遵从国家法律 在国家法律禁止结社的情形下：必须建立替代机制，来申诉和保障工作者的工作条件 客户在任何情况下均不得阻止工作者组织社团和集体议价，也不得对参与组织社团和集体谈判的工作者采取歧视态度
不歧视	遵从国家法律中禁止歧视的规定 在招聘、薪酬、工作条件、终止就业培训和退休方面不得在性别、人种、宗教信仰等方面存在歧视
童工	不得使用童工（这是带有剥削性质的，并且对儿童教育、健康或发展有害） 最低年龄要求：遵循可适用的国家法律，不得雇用 18 岁以下的儿童从事“危险性工作”
强迫劳工	不得“使用武力或惩罚威胁”使工作者从事“非自愿的”劳动和服务
工作条件	遵从集体协议的规定（客户是该协议的一方） 当集体协议中不包含有关工资、工时、加班安排和酬劳、病假、产假或年假时，应遵从相关的国家法律
职业安全和健康	客户必须采取措施尽可能地减小职业伤害和职业病所带来的风险 客户必须：确定职业事故和疾病的风险、采取必要的预防措施、为工作者提供相关的培训，并对职业事故和疾病记录存档
裁员	在出现大规模裁员的情况下，必须与工作者协商制定一个不存在歧视的裁员计划，以减小裁员所带来的影响
申诉机制	为工作者可以对管理过程中存在的问题以透明、快捷的方式提出申诉提供一个机会
非正式雇员	将那些“在一个较长时期内”为客户履行核心职能的非正式雇员包括在内 除了有关人力资源政策、裁员和供应链的条款外，其余劳工条款均适用于他们
供应链	客户必须“调查和解决其供应链中存在的童工和强迫劳工现象”

资料来源：国际金融公司绩效标准。

正如表 3.13 所示，这些发展金融机构的投资政策通常纳入了各种劳务问题。劳工条款的范围存在显著的差异。某些发展金融机构，包括欧洲复兴开发银行和德国投资与开发有限公司的投资政策超过了国际金融公司的“绩效标准”（Rudolph，2005；欧洲复兴开发银行，2008）。很多发展金融机构，包括国际金融公司、美洲开发银行和很多欧洲发展金融机构还建立了一个“黑名单”，禁止这些金融机构向那些使用童工和强迫劳工的客户进行投资。

值得注意的是，12 个包含有劳工条款的发展金融机构政策直接援引了国际劳工组织《基本劳工公约》的部分内容。这可能是因为发展金融机构在制定这些政策的过程中征求了国际劳工组织的意见，比如国际金融公司和欧洲复兴开发银行便是如此。也就是说，发展金融机构的政策未必包括国际劳工组织相关公约的所有具体要求。通常，发展金融机构政策中的劳工条款

表 3.13　主要发展金融机构运营政策中的劳工条款

发展金融机构的名称	援引的国际劳工组织文书*	发展金融机构政策所涵盖的领域**	纳入与合作伙伴公司签署的合同中的劳工条款
国际金融公司（IFC）	基本劳工公约	与“核心劳工标准”相关的问题及其他部分劳工问题（见表 3.12）	是（对于通过金融中介机构进行投资的活动而言，具体适用的标准取决于风险系数）
亚洲开发银行（ADB）	国际劳工组织 1998 年宣言	与“核心劳工标准”、最低工资、职业安全和健康相关的问题	是（通常适用于大型基础设施建设项目，根据社会评估状况而定）
非洲开发银行（AfDB）	不清楚	与职业安全和健康相关的问题以及性别问题	是（具体承诺根据社会评估状况而定）
欧洲复兴开发银行（EBRD）	基本劳工公约	与“核心劳工标准”、职业安全和健康、劳务合同、裁员、非正式雇员、最低工作条件、尊重集体协议、欧盟非歧视条款等相关的问题	是
欧洲投资银行（EIB）	基本劳工公约	与“核心劳工标准”、职业安全和健康相关的问题	是（具体承诺根据社会评估状况而定）
美洲开发银行（IDB）	不清楚	与“核心劳工标准”和（大型基础设施建设项目）部分特定领域相关的问题	是（主要是国家法律要求——通常通过一个具体的行动计划来满足国际劳工标准）
英联邦发展公司（CDC）	基本劳工公约	与“核心劳工标准”、工资、职业安全和健康以及其他特定领域相关的问题	是
德国投资与开发有限公司	基本劳工公约、有关工时、工资和职业安全及健康的公约	与“核心劳工标准”、工作时间、工资以及职业安全和健康相关的问题	是
荷兰发展金融公司	基本劳工公约	与“核心劳工标准”以及其他劳工问题相关的问题（与国际金融公司的“绩效标准”完全相同）	是
丹麦发展中国家工业化基金会	基本劳工公约	与“核心劳工标准”、每周休息时间、工时、年假、工资和职业安全及健康相关的问题	是（主要是国家法律要求——通常通过一个具体的行动计划来满足国际标准）
挪威发展中国家投资基金	基本劳工公约	与“核心劳工标准”相关的问题以及其他劳工问题（与国际金融公司的“绩效标准”完全相同）	是
奥地利开发银行	基本劳工公约	与“核心劳工标准”、职业安全和健康，以及其他特定劳工问题相关的问题	是（主要是国家法律要求——通常通过一个具体的行动计划来满足国际标准）
美国海外私人投资公司	不清楚	与非歧视、工资、工时、职业安全和健康以外的“核心劳工标准”相关的问题	是（主要是国家法律要求——在国家标准不充分时纳入国际标准）
瑞士新兴市场投资基金（SIFEM）	有关童工和强迫劳工的基本公约	有关童工和强迫劳工的问题，以及其他国家法律所涵盖的劳工问题，包括职业安全和健康、最低工作条件	是
瑞典国际基金会	基本劳工公约	与“核心劳工标准”以及其他特定劳工问题相关的问题	是

注：* 援引国际劳工组织文书并不意味着发展金融机构的政策包括这些文书中所包含的所有义务，而仅仅是将这些文书参照为获得启示的来源或者基准。** 所援引的劳工条件的内容可能源自国际劳工组织的标准、国家法律，也可能来源于由发展金融机构本身制定的政策。部分双边和地区性发展金融机构也援引国际金融公司的“绩效标准”或者国际金融公司有关职业安全和健康的政策。

资料来源：各个发展金融机构的政策文件。

的主要基准点首先是国家法律，不过通常需要在很多问题，尤其是与“核心劳工标准”相关的问题方面保持最低标准。[1]

……部分发展金融机构的公共采购政策目前也纳入了劳工条款。

劳工条款同时也纳入了各个发展金融机构的公共采购政策之中。自2007年以来，世界银行（国际复兴开发银行和国际开发协会）要求投标人必须遵从国际劳工组织的“核心劳工标准”以及其他很多劳工标准。[2]该政策适用于所有合同金额在1000万美元以上的合同（世界银行，2007）。2005年，亚洲开发银行也采纳了统一标准投标方式。此外，非洲开发银行和欧洲复兴开发银行也将其公开投标方式与世界银行保持一致（欧洲复兴开发银行，2009）。在此情况下，所有的签约方都必须签署一份声明，声明它们在实施这些项目时将遵守“核心劳工标准”的规定。部分评论人士预计，其他发展金融机构和开发机构也将在某一时候采纳与世界银行集团下属的国际复兴开发银行和国际开发协会制定的“标准投标方法”所类似的条件（Bakvis和McCoy，2008）。

二、发展金融机构的劳工条款是如何得以实施的？

发展金融机构投资政策中的劳工条款通常包括综合全面的实施规程……

尽管发展金融机构的政策在其具体实施方面存在不同，但通常是基于对拟定投资项目的初步社会评估状况来开展实施的。如果发现了与劳工实践相关的问题，就可能通过制定相应的行动计划来解决。[3]

国际金融公司所制定的政策是发展金融机构政策中最为全面的规程框架之一。[4]首先，国际金融公司要求客户公司必须开展初步的环境和社会评估。如果发现客户公司在有关合规性方面存在潜在的风险，则要求客户公司制定一项旨在避免或者至少减缓对劳工状况影响的行动计划。国际金融公司在开展自身的社会评估时将把该行动计划纳入其中。该社会评估包括与非政府组织和工会进行的磋商。如果出现难以满足合规性的要求，国际金融公司将（在极端情况下）否决该项目，或者要求客户公司解决这些问题，并通常向客户公司提供相关的技术援助。其他发展金融机构也采纳了类似的规程，将劳工问题纳入其投资政策之中。

---

1 自由结社通常适用于一种特殊的实施方法。当国家法律（比如禁止工人组建工会）与国际标准直接抵触时，很多发展金融机构的政策要求其客户必须采纳类似的规程，使工人们能够尽可能地从国际标准中受益。

2 到目前为止，国际复兴开发银行和国际开发协会尚未通过在劳工问题方面对项目进行遴选的政策。

3 在很多情况下，发展金融机构的政策包括有要求客户总体遵从发展金融机构劳工政策的条款，以及基于初期的社会评估客户在制定行动计划方面必须满足的具体要求。部分发展金融机构，包括非洲开发银行和亚洲开发银行以及欧洲投资银行完全针对后一种要求（见非洲开发银行，2003；亚洲开发银行，2007）。

4 与早期的环境和社会政策所不同的是，国际金融公司不仅在投资前向其客户公司寄发审计规程，还与客户公司合作，确保客户公司在整个投资生命周期内的合规性（Warner，2006）。

专栏 3.2　劳工条款在发展金融机构间接投资中的实施情况

通过金融中介机构（即另外一家银行）或基金开展的投资可能使劳工条款在发展金融机构政策中的应用趋于复杂化。与项目直接融资下相比，间接投资中的发展金融机构与相关公司之间的关系较为疏远。在此情况下，发展金融机构往往要求其金融中介机构或基金建立一个社会管理体系，以确保投资组合中的所有项目或公司均遵从劳工标准的特定保护水平。国际金融公司采纳了一个三级实施方法。具体的保护标准根据初步社会评估状况而定。拥有低风险投资组合的金融中介机构仅仅要求必须实施“黑名单”，而拥有中等风险系数的投资组合则要求金融中介机构还必须确保遵从国家法律。对于那些拥有高风险系数的投资组合，金融中介机构还需要遵从国际金融公司的“绩效标准”（国际金融公司，2009）。

英联邦发展公司和瑞士新兴市场投资基金主要参与投资于股权投资基金的投资，也采纳了类似的实施方法。从这两家发展金融机构其中任何一家获得融资的基金都必须确保基金的客户公司遵从发展金融机构制定的劳工政策，主要通过由这些基金制定的社会管理体系来实现这一点。两个发展金融机构都要求基金经理在年度社会和环境评估报告中报告与其投资组合相关的具体劳工问题。除了对基金经理开展持续监控外，这些发展金融机构还将有选择地开展现场考察。

鉴于很多项目的融资往往来自于多个发展金融机构，因此部分发展金融机构已开始协调其各种政策，包括客户应满足的社会标准。通常，为某个特定项目共同提供资金的发展金融机构会达成一个统一的环境和社会标准。针对协调方面做出响应的一个范例是欧洲发展金融协会（EDFI）。该协会成立于 1992 年，到目前为止，已有 16 家双边发展金融机构成员单位。[1]2009 年 5 月，欧洲发展金融协会的成员单位签署了一项名为“负责任的融资原则”宣言，要求成员单位与客户公司密切合作，逐步实现众多国际文书中所包含的各项标准，包括国际劳工组织的基本劳工公约（欧洲发展金融协会，2009）。[2]自 2007 年以来，欧洲发展金融协会采纳了“环境、社会和管治统一标准”（欧洲发展金融协会，2009）。尽管未将劳工条款的内容纳入发展金融机构的政策之中，但这些标准确实包括了“社会类别定义”，和对有关共同投资项目的社会尽职调查、签约社会要求以及“黑名单”的某些技术标准。通常，如果出现有关劳工条款的问题，为某个特定项目共同投资的发展金融机构还将协调其对策。在对发展金融机构有关劳工问题以及其他社会问题之间进行协调方面，上述安排可以视为重要的一步。

……很多发展金融机构提供有关劳工问题的评估机制。

目前，很多发展金融机构也已建立了特定的评估机制，以保障第三方不会受到其运营的潜在不利影响，这些评估机制通常包括在具体的安全保障政策之中。按照这些政策，受影响方通常可以将其问题反映至一个独立于该发展金融机构运营部门的委员会，该委员会负责直接向发展金融机构的最高管

1　参见 http：//www. edfi. be/。

2　其他文书包括《联合国人权宣言》、国际金融公司“绩效标准”以及国际金融公司《环境和健康及安全指导方针》（欧洲发展金融协会，2009）。

理机构进行汇报。评估委员会通常与双方合作解决所出现的争端，并可以提出有关发展金融机构政策的修订意见，或者在确定所存在的问题时提出补救方案。很多评估机构不仅提供一个解决申诉的机制，同时也可以独立地评估发展金融机构是否遵从其内部政策，同时推动发展金融机构与受影响群体之间的对话。[1]

1994 年，世界银行制定了安全保障政策，从而成为最早制定该项政策的发展金融机构（Brodnig，2005）。其他发展金融机构，如国际金融公司、欧洲复兴开发银行和欧洲投资银行等，也在其劳工政策中采用了安全保障措施。非洲开发银行要求对性别平等问题进行评估（Rees 和 Vermijs，2008）。欧洲投资银行的投诉机制尤为全面。按照该机制，个人可以向欧洲投资银行的内部投诉办公室提交投诉申请，如果他们对内部投诉办公室的答复不满意，也可向欧洲监察使（欧盟下属的一个独立机构）进行申诉（欧洲投资银行，2008）。

人们对这些政策的实际应用情况知之甚少……

目前，人们对劳工条款在发展金融机构政策中的实际应用状况知之甚少。这主要是因为大量的此类信息属于保密信息，这使得现在要开展全面评估工作还为时过早。在所有发展金融机构中，国际金融公司的“绩效标准”是现存有关劳工条款应用状况档案中最早的。例如，从国际金融公司有关“绩效标准”的首个三年期实施状况报告（国际金融公司，2009）以及某个工会对该“绩效标准”的评估报告中可以得出一些初步的分析结果（全球工会联盟，2009）。

……而国际金融公司的“绩效标准”似乎已经取得了部分进展……

自国际金融公司的“绩效标准”生效后，各个工会已提交了 21 份申诉，包括两份要求获得有关信息的申请以及 19 份有关违反国际金融公司“绩效标准”的指控报告。表 3.14 对 2006 年 7 月至 2009 年 8 月期间所处理的有关“绩效标准”的投诉案例进行了汇总。针对这些申诉，国际金融公司加强了对接受资金方的监控和能力建设活动，并在某些情况下通过直接干预措施取得了良好的进展。在部分情况下，国际金融公司在对投诉进行调查后暂停了某些项目。

在有关巴西一家航空公司的案例中，国际金融公司帮助制止了一系列反工会活动（Bakvis 和 McCoy，2008）。在涉及乌干达建筑工会的一个类似案例中，国际金融公司在使该公司达成一项集体协议方面发挥了至关重要的作用（Murie，2009）。

基于对现有几个案例的评估结果，即土耳其和乌干达的案例研究，Bakvis 和 McCoy（2008）、Agtas（2009）和 Murie（2009）认为，“绩效标准 2”具有给工作者的工作条件带来积极影响的潜力。不过，鉴于国际金融公司在很大程度上依赖于借款方的自我评估以及咨询专家的意见，因此部分学者认为，在那些存在当地工会并且这些工会能够监测工作者工作状况的地方，国际金融公司的“绩效标准”才能发挥其作用（Bakvis 和 McCoy，

---

1 如，参见国际金融公司合规顾问/巡查官办公室（2007）。

表 3.14　2006 年 7 月—2009 年 8 月，由工会向国际金融公司提交的有关违反其“绩效标准”的投诉案例

投诉的类型	自由结社	童工	其他	总计*
工会向国际金融公司提交的案例总数				21
要求获得相关信息的申请数量				2
登记的投诉数量	17	3	4	19
国际金融公司采取的干预措施				
加强能力建设或者监测	5	–	–	5
暂停或者终止项目	2	1	–	2
在国际金融公司的干预下对所指控的违规情况进行整改	3	–	1	4
企业破产	2	–	–	2
国际金融公司未发现有违规的情况	4	1	1	6
悬而未决	3	1	1	3

注：* 鉴于所涉及问题的复杂性，部分提交至国际金融公司的案例包括多项指控，这使得国际金融公司被迫采取多种不同的干预措施。因此，国际金融公司所采取的干预措施的总数与所提交的案例总数之间存在差异。

资料来源：全球工会联盟（2009）。

2008）。此外，当这些当地的工会组织加入全球工会联盟后，可以向国际金融公司提供有关其“绩效标准”实施情况的更为详细的信息（Agtas，2009）。不过，必须指出的是，工会在其他发展金融机构政策的实施中的参与程度相对更小。

……这在某种程度上应归结于国际金融公司对其员工进行能力建设所取得的积极成果……

目前，国际金融公司已雇用了工作人员，包括众多的劳务专家，来实施其环境和社会政策（国际金融公司，2009 年，第 12 页）。2009 年，共有 62 名员工参与该项工作，并组建了“劳务顾问小组”。此外，国际金融公司也特别强调加强自己的员工对“绩效标准”的培训。超过 1600 名员工接受了有关国际金融公司“绩效标准”的面授培训，另有 192 名员工参加了有关国际金融公司环境和社会管理的在线培训。在初步评估的基础上，17 个项目接受了全面的劳工审计。与此同时，国际金融公司开发了众多内部评估工具，如环境和社会评估规程以及质量保障和控制系统等，其宗旨是评估和逐步改善国际金融公司的环境和社会绩效（国际金融公司，2009 年，第 7 页）。[1]

1　此外，很多发展金融机构，包括欧洲投资银行、挪威发展中国家投资基金以及瑞士新兴市场投资基金等，都已与国际劳工组织或国际劳工组织总部位于意大利都灵的国际培训中心合作，为其员工提供了有关劳工标准的培训。

上述这些分析结果进一步印证了这一观点，即要使公司的员工能够确保其内部真正有效和可持续地遵从劳工条款，能力建设具有至关重要的作用。

……到目前为止，有关发展金融机构政策中的劳工条款对经济发展带来负面影响的证据非常有限。

除了发展金融机构政策对工作者的影响外，这些政策对客户公司的影响这一问题也已出现。根据国际金融公司的一项调查结果显示，国际金融公司的客户普遍都能接受其"绩效标准"。调查表明，尽管60%的受访者认为"绩效标准"项下的成本要高于普通行业中的成本，但仅有20%的受访者认为"绩效标准"可能会对其与国际金融公司的合作决定造成负面影响。对于国际金融公司通过金融中介机构开展投资的项目来说，持后一种看法的受访者比例更低（15%）。相比之下，在接受这一调查的金融中介机构中，有60%的受访者表示国际金融公司要求其建立的社会和环境管理系统对其品牌信誉度带来了积极的影响（国际金融公司，2009年，第22页）。

尽管"赤道银行"不在本项研究的范围之内，但它们的表现也可提供部分佐证。根据就有关"赤道原则"对业务影响状况的初步证据表明，"赤道原则"并未对遵从这些原则的银行的业务关系带来负面影响。正如Sims（2008）所指出的，自2006年"赤道原则"根据国际金融公司完善后的"绩效标准"进行修订后，采纳"赤道原则"的银行数量便持续攀升。此外，Scholtens和Dam（2007）发现，这些银行采纳"赤道原则"后并未引起其股东的消极反应。不过，Sims（2008）注意到，自2006年以来，采纳"赤道原则"的发展金融机构项目咨询机构（主办银行）的收益率出现了下降。这表明采纳"赤道原则"产生了部分额外的成本（Scholtens和Dam，2007）。不过，对于众多银行来说，采纳"赤道原则"对其品牌信誉度的提高所预计带来的价值超过了由此带来的额外成本（国际金融公司，2007；Sims，2008）。

结　　论

贸易安排和发展金融机构政策中的劳工条款对促进全球经济的社会再平衡的潜力大小，取决于这些机制的实际应用状况。迄今为止，有关这些劳工条款的实施状况的信息仍然相对较少。总体而言，两种限制因素以及"温和的"说服和能力建设活动似乎都起作用，而这取决于劳工条款的合规性问题主要是由于缺乏政治意愿还是本身缺乏能力。在贸易安排中，基于激励的条款尤其具有很大的发展潜力。就发展金融机构政策中的劳工条款而言，截至目前所开展的案例研究表明，向发展金融机构本身的员工、贷款接受方以及其他客户提供相关培训、技术指导和支持具有十分重要的作用。

劳工条款的成倍增加表明不同的参与方可能必须遵从多个不同的标准。为了解决不同劳工条款及其他方面的协调问题，16家欧洲发展金融机构共同成立了欧洲发展金融协会。因此，各国可以考虑建立类似的机制来协调其贸易协定中的劳工条款，尤其是当同一个受影响国可能同时适用于多个不同条款的情况下。此外，贸易安排和发展金融机构政策中的劳工条款越来越多地援引国际劳工组织1998年宣言（国际劳工组织，1998）以及较小程度地援引国际劳工组织的基本劳工公约。也就是说，所有援引国际劳工组织文书的机制并非将其中的劳工标准全部纳入在内。

在很多情况下，通过与社会合作伙伴和国内民间组织进行磋商以及让它们参与实施，已经促进了上述机制的设计和实施过程。此类经验表明，社会合作伙伴在初期阶段的参与可能有助于项目的有效实施，并有助于减弱人们对实施规程缺乏透明度的担忧。建立一个解决争端的、明确的规程框架也可能有助于推动整个实施进程。

通过本章的探讨表明，贸易协定和发展金融机构政策中应用劳工条款的情况已经不断增多和发展。此类措施将为改善工作者的工作条件和权利有着很大的潜在影响力。不过，必须基于其具体实施和影响状况才能对其总的效果进行真正的评估。此外，此类措施的有效性取决于可靠的监测以及多层面实施方法等众多因素。

参考文献

African Development Bank. 2003. *Integrated environmental and social impact assessment (IESIA) guidelines*. Available at: http://www.afdb.org/en/documents/environmental-social-assessments/executive-summary-of-environmental-and-social-impact-assessments/2/ [14 Nov. 2009].

Asian Development Bank. 2007. *Handbook on social analysis. A working document*. Available at: http://www.adb.org/Documents/Handbooks/Social-Analysis/social-analysis-handbook.pdf [14 Nov. 2009].

Bakvis, P.; McCoy, M. 2008, *Core labour standards and international organizations: What inroads has labour made?*, Briefing Papers No 6, (Genf, Friedrich Ebert Stiftung). Available at: http://library.fes.de/pdf-files/iez/05431.pdf [14 Nov. 2009].

Barretto Ghione, H. 2002. “Consecuencias de la Declaración Socio-laboral del MERCOSUR en la interpretación y aplicación de las normas laborales en los ordamientos nacionales”, in *Gaceta Laboral*, Vol. 8, No. 3, p. 355–372.

Bartels, L. 2008. “Social issues: Labour, environment and human rights”, in S. Lester; B. Mercurio (eds): *Bilateral and regional trade agreements. commentary and analysis* (Cambridge, Cambridge University Press), pp. 342–366.

Berber Agtas, Ö. 2009. *Promoting core labour standards through the Performance Standards of the IFC: The case of Turkey*, Global Union Research Network Discussion Paper No. 8 (Geneva, ILO).

Bercussion, B. 2009. *European labour law*. Second Edition (Cambridge, Cambridge University Press).

Berik, G.; van der Meulen Rodgers, Y. 2007. *The debate on labor standards and international trade: Lessons from Cambodia and Bangladesh*, UNCTAD Department of Economics Working Paper Series, No. 3.

Blackett, A. 2007. *Trade liberalization, labour law and development: A contextualization*, Discussion Paper Series No. 179 (Geneva, International Institute for Labour Studies). Available at: http://www.ilo.org/public/english/bureau/inst/publications/discussion/dp17907.pdf [14 Nov. 2009].

Boivin, I.; Odero, A. 2006. "The Committee of Experts on the Application of Conventions and Recommendations: Progress achieved in national labour legislation", in *International labour review*, Vol. 145, No. 3, pp. 207–220.

Bolle, M.J. 2003. *Jordan-U.S. free trade agreement: Labor issues*, Report RS20968 (Washington, Congressional Research Service).

Bourgeois, J. et al. 2007. *A comparative analysis of selected provisions in free trade agreements* (Brussels, European Commission). Available at: http://trade.ec.europa.eu/doclib/docs/2008/march/tradoc_138103.pdf [14 Nov. 2009].

Brandtner, B.; Rosas, A. 1999. "Trade preferences and human rights", in P. Alston (ed.): *The EU and human rights*, (Oxford, Oxford University Press), pp. 699–722.

Buchanan, R.; Chaparro, R. 2008. *International institutions and transnational advocacy: The case of the North American Agreement on Labour Cooperation*, CLPE Research Paper Series 22/2008, Vol. 4, No. 5.

Charnovitz, S. 1987. "The Influence of international labour standards on the world trading system: A historical overview," in *International Labour Review*, Vol. 126, No. 5, pp. 565–584.

Compa, L; Brooks, T. 2008. "The North American Free Trade agreement (NAFTA) and the North American Agreement on Labor Cooperation (NAALC)", in: R. Blanpain (ed.): *Labour law and industrial relations*, (The Hague, Kluwer).

—; Vogt, J. 2001. "Labor rights in the Generalized System of Preferences: A 20-year review", in *Comparative Labor Law and Policy Journal*, Vol. 22, No. 2/3, pp. 199–237.

Corries, G.A. 2001, "La declaración sociolaboral del MERCOSUR: Un instrumento para el desarrollo social", in *Derecho del Trabajo*, No. 6, pp. 962–971.

Dellacha, G.; te Velde, D.W. 2007. *Analysis of development finance institutions financial accounts* (London Overseas Development Institute).

Dombois, R. 2006. "Sozialklauseln in US-Freihandelsabkommen – ein wirksames Mittel internationaler Arbeitsregulierung?" in *Industrielle Beziehungen*, Vol. 13, No. 3, pp. 238–252.

Doumbia-Henry, C.; Gravel, E. 2006. "Free trade agreements and labour rights: Recent developments", in *International Labour Review*, Vol. 145, No. 3, pp. 185–206.

European Bank for Reconstruction and Development. 2008. *Environmental and social policy*. Available at: http://www.ebrd.com/about/policies/enviro/policy/2008policy.pdf [14 Nov. 2009].

—. 2009. *Standard tender document: Procurement of works and user's guide (trial edition)*. Available at: http://www.ebrd.com/oppor/procure/guide/pwug.pdf [14 Nov. 2009].

Elliott, K.A.; Freeman, R. 2003. *Can labor standards improve under globalization?* (Washington, D.C., Institute for International Economics).

European Commission. 2004. *The social dimension of globalisation - the EU's policy contribution on extending the benefits to all, COM* (2004) 383 final (Brussels).

European Development Finance Institutions. 2009. *Towards sustainable development – EDFI principles for responsible financing*. Available at: http://www.oe-eb.at/de/osn/Down loadCenter/richtlinien/EDFI-Principles-Responsible-Financing.pdf [14 Nov. 2009].

European Investment Bank. 2008. *The EIB complaints mechanism policy*. Available at: http:// www.eib.org/attachments/strategies/complaints_mechanism_policy_en.pdf [14 Nov. 2009].

Finbow, R.G. 2006. *The limits of regionalism. NAFTA's labour accord*, (Hampshire (UK)/Burlington (USA), Ashgate).

Fiorentino, R.V. et al. 2006. *The changing landscape of regional trade agreements: Update*, WTO Discussion Paper No. 12. Available at: http:// www.wto.org/english/res_e/booksp_e/discussion_papers12a_e.pdf [14 Nov. 2009].

Frundt, H.J. 1998. *Trade conditions and labor rights. U.S. initiatives, Dominican and Central American responses* (Gainesville et al.: University Press of Florida).

García Hurtado, Á. 2006. "Labor standards and free trade agreements: The case of Chile", in *Integration and Trade*, Vol. 10, No. 25, pp. 189–230.
Global Unions. 2009. *A brief guide to using the IFC Performance Standards*. Available at: http://www.imfmetal.org/files/09082609135966/Guide_to_IFC_Standards.pdf [14 Nov. 2009].
Godio, J. 2004. *El MERCOSUR, los trabajadores y el ALCA* (Buenos Aires; Biblios).
Greven, T. 2005. *Social standards in bilateral and regional trade and investment agreements instruments,* Occasional Paper No. 16 (Geneva, Friedrich-Ebert-Stiftung). Available at: http://www.fes-geneva.org/publications/OccasionalPapers/FES%20OccPapers %2016.pdf [14 Nov. 2009].
Griffin, M. 1997. "The North American agreement on labor cooperation: A flawed attempt at promoting continental labor standards", in *Suffolk Transnational Law Review*, Vol. 21, pp. 113–142.
International Finance Corporation (IFC). 2007. *Banking on sustainability: Financing environmental and social opportunities in emerging markets* (Washington).
—. 2009. *IFC's policy and performance standards on social and environmental sustainability and policy on disclosure of information: Report on the first three years of application*. Available at: http://www.ifc.org/ifcext/disclosure.nsf/AttachmentsByTitle/IFC_Third _Year_Report/$FILE/IFC_Third_Year_Report_PS_DP_.pdf [14 Nov. 2009].
IFC Compliance Advisor Ombudsman. 2003. *A review of IFC's safeguard policies. Core business: Achieving consistent and excellent environmental and social outcomes*. Available at: http://www.cao-ombudsman.org/howwework/advisor/documents/ReviewofIFCSPsfinalreportenglish04-03-03.pdf [14 Nov. 2009].
—. 2007. *Operational guidelines*. Available at: http://www.cao-ombudsman.org/about / whoweare/documents/EnglishCAOGuidelines06.08.07Web.pdf [14 Nov. 2009].
International Institute for Labour Studies. 2008. *World of work report 2008: Income inequalities in the age of financial globalisation* (Geneva, IILS/ILO). Available at: http://www.ilo.org/public/english/bureau/inst/download/world08.pdf [14 Nov. 2009].
International Labour Office. 1998. *Declaration on fundamental principles and rights at work* (Geneva).
—. 2004. *A fair globalization: Creating opportunities for all, report of the World Commission on the Social Dimension of Globalization* (Geneva). Available at: http://www.ilo.org/public/english/wcsdg/docs/report.pdf [14 Nov. 2009].
—. 2008. *Declaration on social justice for a fair globalization* (Geneva).
Kawai Dean, M.; Wignaraja, G. 2007. *ASEAN+3 or ASEAN+6: Which way forward?,* Paper presented at the Conference on Multilateralising Regionalism, 10-12 September 2007 Geneva. Available at: http://www.wto.org/english/tratop_e/region_e/con_sep07_e/kawai_wignaraja_e.pdf [14 Nov. 2009].
Kolben, K. 2004. "Trade, monitoring, and the ILO: Working to improve conditions in Cambodia's garment factories", in *Yale Human Rights and Development Law Journal*, Vol. 7, pp. 79–107.
Kryvoi, Y. 2008. "Why European Union sanctions do not work", in *Minnesota Journal of International Law*, Vol. 12, No. 2, pp. 209–246.
Motta Veiga, P. da; Lengyel, M.F. 2006. "International trends on labor standards: Where does MERCOSUR fit in?" in *Integration and Trade*, Vol. 10, No. 25, pp. 231–259.
Multilateral Investment Guaranty Agency. 2007. *Performance standards on social & environmental sustainability*. Available at: http://www.miga.org/documents/performance_standards_social_and_env_sustainability.pdf [14 Nov. 2009].
Murie, F. 2009. *BWI strategies to promote decent work through procurement: The example of the Bujagali Dam project in Uganda*, Global Union Research Network (GURN) Discussion Paper, No. 9 (Geneva, ILO).
Orbie, J.; Tortell, L. Forthcoming. "European Union social conditionality and the International Labour Organisation: Assessing consistency beyond ratification", in *European Foreign Affairs Review*.

Overseas Private Investment Corporation. 2008. *Policy report, fiscal year 2008*. Available at: http://www.opic.gov/sites/default/files/docs/fy08_annual_policy_report_040809.pdf [14 Nov. 2009].

Polaski, S. 2004. "Protecting labor rights through trade agreements: An analytical guide", in *Journal of International Law and Policy*, Vol. 10, No. 13, pp. 13–25.

—. 2008. *Labor standards and global trade* (Washington, Carnegie Endowment for International Peace).

—; Vyborny, K. 2006. "Labor clauses in trade agreements: Policy and practice", in *Integration and Trade*, Vol. 10, No. 25, pp. 95–124.

Rees, C.; Vermijs, D. 2008. *Mapping grievance mechanisms in the business and human rights arena*, Corporate Social Responsibility Initiative Report No. 28. (Cambridge, MA, Harvard Kennedy School).

Rudolph, C. 2005. *Sozialaspekte im DEG-Projektgeschäft*, Presentation given on the 16.06.2005 at the IG-Metall in Frankfurt. Available at: http://www.coc-runder-tisch.de/coc-runder-tisch/_private/protokolle/Praesentation_DEG.pdf [14 Nov. 2009].

Scholtens, B.; Dam, L. 2007. "Banking on the Equator. Are banks that adopted the Equator Principles different from non-adopters?", in *World Development*, Vol. 35, No. 8, pp. 1307–1328.

Schrank, A. 2009. "Professionalization and probity in a patrimonial state: Labor inspectors in the Dominican Republic", in *Latin American Politics and Society*, Vol. 51, No. 2, pp. 91–116.

Schurtman, M. 2008. "The challenges of evaluating NGO 'success' in cross-border rights initiatives: The examples of the international campaign to ban landmines and the autorim/custorim initiative under the NAFTA Labor Side Agreement", in R. Miller; R. Bratspies (eds): *Progress in international law*, (Boston, Martinus Nijhof), pp. 356–379.

Tokman, V.E. 2006. "Free trade and labour standards: A developing relationship", in *Integration & Trade*, No. 25, Vol. 10, pp. 53–93.

United Nations Economic and Social Council. 2006. *Creating an environment at the national and international levels conducive to generating full and productive employment and decent work for all, and its impact on sustainable development* (Washington).

Velde, D.W.; Warner, M. 2007. *The use of subsidies by development finance institutions in the infrastructure sector*, Overseas Development Institute Working Paper 283. Available at: http://www.odi.org.uk/resources/download/394.pdf [14 Nov. 2009].

Warner, M. 2006. *The new international benchmark standard for environmental and social performance of the private sector in developing countries: Will it raise or lower the bar?* (London, Overseas Development Institute). Available at: http://www.odi.org.uk/resources/download/510.pdf [14 Nov. 2009].

Wells, D. 2006. "'Best practice' in the regulation of international labor standards: Lessons of the U.S.-Cambodia Textile Agreement", in *Comparative Labor Law and Policy Journal*, Vol. 27, No. 3, pp. 357–375.

Witte, J.M. 2008. *Realizing core labor dtandards. The potential and limits of voluntary codes and social clauses.* (Eschborn, GTZ). Available at: http://www.gtz.de/de/dokumente/gtz2008-en-labor-standards.pdf [14 Nov. 2009].

World Bank. 2002. *Core labor standards toolkit for staff preparing country assistance strategies* (Washington DC).

—. 2007. *Standard bidding documents. Procurement of works and user's guide* (Washington). Available at: http://siteresources.worldbank.org/INTPROCUREMENT/Resources/ Works-4-07-ev1.pdf [14 Nov. 2009].

—; IFC, Foreign Investment Advisory Service. 2005. *Cambodia. Corporate social responsibility in the apparel sector and potential implications for other industry sectors.* Available at: http://www.ifc.org/ifcext/economics.nsf/AttachmentsByTitle/ CSR-Cambodia+Final+FIAS+Report+April+19.pdf/$FILE/Cambodia+Final+FIAS+Report+April+19.pdf [14 Nov. 2009].

World Trade Organisation. 1996. *Singapore ministerial declaration adopted at the Ministerial Conference Singapore*, 9-13 Dec.

第四章
绿色政策和工作岗位：双重红利？*

主要研究成果

- 国际科学界提出，温室气体排放增加所引起的气候变化已经在全世界范围内对可持续发展和生活标准构成了严重威胁，与气候变化相关的成本也可能会对经济增长构成负面影响，尤以对发展中国家影响最为强烈。环境专家强调，要遏制气候变化，需要在2050年之前实现将全球二氧化碳排放量降低50%的目标。
- 而这个二氧化碳排放削减目标将对就业构成重大挑战，本章估计，在全世界的工作岗位中，处于高碳密集型行业的岗位约占38%。
- 但是，在向低碳经济转移的过程中，通过刺激对高效生产技术的生态创新和投资，会打开新的市场，从而提供数量众多的就业机会。另外，碳税及总量控制与交易制度等“绿色政策”可以创造额外的政府收入，这些收入可以用来降低劳动赋税，从而刺激劳动力需求。
- 本章得出结论认为，若强行规定二氧化碳排放的价格，且将因此获得的收入用于削减劳动赋税，则到2014年，就业将增长0.5%，将世界经济作为整体来看，则相当于净增1430万个新工作岗位，这种增长有助于应对第一章中提出的就业挑战。这些推测结果，与通过其他调研获得的证据一样，其前提都是绿色政策能够以协调的方式得以实施。

* 本书作者对 Willi Semmler 和 Stefan Mittnik 为本章所做的分析工作以及 Daniel Samaan 出色的研究协助工作表示感谢。

- 要实现这样的积极成果，需要落实正确的政策。某些行业将损失工作岗位和企业，而其他行业将涌现新的工作岗位和商业机会。在这种形势下，需要顺从向低碳经济过渡的趋势，培养新的工作技能。另外，发展中国家会要求在应对与环境问题相关的挑战方面获得支持，因为它们不是环境问题的制造者，而是受害者。绿色政策可能对公平性产生负面影响，因为能源价格以及能源密集型消费品的价格提升可能会对低收入家庭构成灾难性的影响，因此，在落实绿色政策的同时，全面实行《全球就业公约》是至关重要的。

引　言

为了使世界经济驶入可持续性更强的轨道，国际社会日渐意识到遏制气候变化的重要性。各国均为应对全球危机出台了一系列的一揽子计划，其中包括启动旨在促进向更为绿色的经济过渡的基础设施投资。此类措施也对推动社会发展具有积极作用，因为在绿色项目上的投资可以推动经济复苏和创造工作岗位。如第一章所述，这些措施有利于使劳动力市场早日摆脱低迷。

除了刺激政策之外，关于“绿色”政策是否能够创造环境和社会两方面的双重红利的议题也被提上桌面。部分人士提出，此类使碳排放变得昂贵的政策将对世界产出和就业构成不利影响，某些团体可能会受到调整过程所产生的冲击，某些国家，在孤立行动时，将面临竞争力受挫的局面，因此，这部分人士认为，环境和社会效益之间会存在此消彼长的局面。但是，旨在应对气候变化的政策也会创造新的增长和繁荣机会，但在很大程度上要取决于政策制定和实施的方式（Torres，2008）。

因此，为了评估绿色政策对就业的影响以及将会引发的再分配效应，需要对各种不同的说法进行审慎的判断，这也就是本章的目的所在。本章提出了一种新颖的方法，用于估计同向低碳密集性经济转移和实施绿色政策相关的就业动态趋势。[1] 本分析依据实证方法以及专为本《劳工世界报告》制定的数据，目的是表现出设计合理的气候和劳动市场政策如何面向实现双重红利发挥作用。

本章的组织结构如下：第一节阐述如何对因遏制二氧化碳排放的紧迫性而产生的就业挑战进行量化；第二节利用专为本章开发的新颖分析工具，评估各类绿色政策方案对就业的影响；第三节得出结论，并为本领域的研究提供进一步指示。

1　早期的工作包括报告《绿色工作岗位：可持续的、低碳的世界中的体面工作》（UNEP/ILO/IOE/ITUC，2008）。

第一节　就业挑战：应对高碳密集型行业的就业挑战

本节内容提供了关于二氧化碳排放趋势的背景信息，并对减排政策将引发的就业挑战的规模进行了评估。

到2050年，需要将二氧化碳排放量降至1990年时水平的一半。[1]

经济活动需要使用能源，当前的技术主要使用碳基化石燃料，燃烧此类燃料会向大气中排放二氧化碳。自工业化开始以来，二氧化碳排放量就在稳步增加，但增加速率的大幅上涨则始于20世纪中期。目前，全球二氧化碳排放总量同1970年相比增加了88%，同1990年相比增加了30%。二氧化碳排放量占总温室气体排放量的近73%（气候分析指标工具，2009）。[2] 有估算显示，欧盟（EU）、美国以及近期的中国是主要的排放源，其二氧化碳排放量占全球总量的一半以上。[3] 为了遏制气候变化，到2050年，二氧化碳排放量[4] 需要降至1990年时的水平的一半（政府间气候变化专门委员会，2007）。[5]

全世界约有40%的工作岗位处于高碳密集型行业中。

图4.1显示，在过去的20年中，经济活动的排放强度呈下降趋势。这种趋势表明，资源已经开始从高碳密集型行业向低碳密集型行业转移，但是，为了实现温室气体排放目标，还需要付出更多的努力。在这种形势下，由于工人需要更换工作岗位、工作单位和行业，因此不可避免地会出现就业挑战。

为了评估这种挑战的规模，依据投入—产出方法对高碳密集型行业的就业发生率进行估算，这种方法依据二氧化碳排放量来对各行业进行分类（附录A）。

1　政府间气候变化专门委员会，2007年。

2　二氧化碳并不是唯一的温室气体，但却是迄今为止最为重要的温室气体。其他温室气体还包括：甲烷（17%）、一氧化二氮（8.7%）、全氟碳（0.3%）、氢氟碳（1%）和六氟化硫（0.2%）。上述数字为四舍五入后得出的。

3　由于二氧化碳浓度在日益下降（虽然这一趋势并不适用于最不发达的国家），但对于大型经济体而言，总排放量和排放浓度之间仿佛并无关联。例如，在美国，1990—2005年，二氧化碳浓度下降了23%，而同期总排放量则增加了20%。与此形成鲜明对比的是，欧盟27国的排放浓度和总排放自1990年以来都在下降，分别下降了28%和2.4%。

4　以二氧化碳当量（CO_2-eq）来衡量各类燃气对有效温室气体浓度的影响。例如，一般认为因有机发酵产生的甲烷虽然是大气中第三大温室气体，但（在绝对形式上）对气候变化的影响则较小。

5　到2020年，为了使大气中的二氧化碳存量稳定在低水平或中等水平，发达国家需要将温室气体排放量降低到比1990年低25%—40%的水平。到2050年，发达国家的排放量须降低至比1990年低80%—95%的水平。在2050年之前，允许发展中国家的温室气体排放量有所增长。但是，其排放量必须低于通常商业情形水平的10%—30%。

图 4.1　GDP 和二氧化碳排放的世界趋势

（自 1990 年以来的百分比增长）

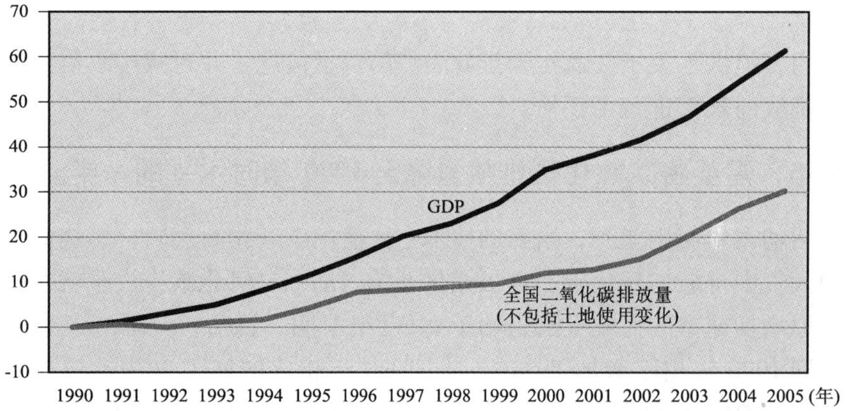

资料来源：气候分析指标工具，6.0 版（华盛顿特区，世界能源研究所，2009）。

根据这种方法估算，全球的工作者中约有 38% 处于高碳密集型行业，约为六亿人（表 4.1）。新兴经济体和发展中国家的高碳密集型就业发生率要低于发达经济体，这种差别反映出，同其他行业相比，农业属于低碳密集型行业，在新兴和发展中国家，农业在总就业中所占的份额要高于发达国家。

表 4.1　高碳密集型行业的就业（2005 年）

	占总就业的百分比（%）	工作岗位数（百万）
九个发达国家	56.9	192
巴西、中国和印度	32.8	392
总量	38.2	584

注：总量是两个类别的和：巴西、中国和印度以及九个发达国家（澳大利亚、法国、德国、匈牙利、日本、韩国、瑞典、英国和美国）。

资料来源：国际劳工问题研究所基于投入—产出表得出的估算数据（见附录 A）。

第二节　就业潜力：估算绿色政策对工作岗位的影响

绿色政策可选方案

削减温室气体排放的主要政策方案为：采用更为严格的标准；降低对化石燃料能源消费的补贴；为二氧化碳排放设定价格（通过总量控制与交易制度或碳税）；投资研发节能或碳捕捉和存储技术。经常有看法认为，碳税和总量控制与交易制度是面向短期的两个主要政策手段。这两项政策都致力于使企业和消费者在决策流程中考虑碳排放的成本（见专栏 4.1）。

专栏 4.1　碳税和总量控制与交易制度

原则上，环境是一种可以免费获得的公共商品，但在这种情况下，对环境的使用不会以市场价格的形式正确地反映出来，从而最终将被耗尽（即所谓“公用品悲剧”）。为了改变这种形势，碳税可能是一条为碳排放定价的途径，可以发出适当的市场信号，反映出温室气体排放的社会代价。为使用化石燃料设定价格将改变经济中的激励方式。另外，可以交易的排放许可能设置固定的最大排放水平（即“总量控制”）和派发可以在私有污染者之间自由交易的排放配额。在这一制度中，由政府决定最高污染水平并向公司派发许可，重新界定它们的污染权。

这两种方案都是通过为碳设定价格的方式来遏制温室气体排放所产生的影响，并鼓励企业使用其他能源或采用绿色技术。但是，实施这两项方案需要采集关于排放的信息，并充分落实监测和执行机制（皮尤全球气候变化中心，2009）。

某些经济学家提出，碳税方案优于总量控制和交易方案（见 Nordhaus，2008；Nella 等，2009；Mankiw，2007；政府间气候变化专门委员会，2007）。他们认为，总量控制与交易制度具有若干先天的缺点。要颁发可交易的许可，就必须要明确实际的污染者，而要执行总量控制和交易方案，需要建立交易制度，因此也非常困难。另外，排放许可证交易可能会引发投机性投资，导致碳价格出现高波动性，欧洲已发生此类情况。据 Nella 等人（2009）所做的估算表明，碳价格在排放交易中的波动性比股票高十倍，而后者的波动性已经达到了 GDP 的七倍左右。而碳税的实施范围则更为广泛，包括能源供应、主要污染行业、服务行业、交通系统和家庭等。另外，碳税所产生的税收收入也可以用于降低其他赋税或建立税收基金，用于为发展中国家提供补偿或者用于进行环保型投资。

从长远看，投资新技术研发具有重要意义，政府间气候变化专门委员会强调，政策应逐步转向鼓励研发投资和技术转让投资，尤其应侧重于鼓励太阳能、潮汐能、风能和生物能等替代型能源的开发和普及。

截至目前，发达国家的绿色政策都集中于推出碳税或总量控制与交易制度，同时在推动研发投资、补贴太阳能及可再生能源应用、制定新的国际标准等方面也做出了一定的努力。而发展中国家政府在绿色政策转变方面的进度则较为缓慢，部分原因是因为缺乏投资、资源和技术。但与此同时，许多国家已经开始向绿色经济过渡，例如在“清洁发展机制”（CDM）的帮助下实现绿色转变等。借助于“清洁发展机制”，发展中国家（未包含在与《京都议定书》相关的主要目标中）可以利用由发达国家提供的资金来实施绿色项目，因此，阿根廷、巴西、中国和印度可以利用“清洁发展机制”实现转变。印度尼西亚政府计划逐步减少化石燃料补贴，并有可能实行碳税，以便更好地利用“清洁发展机制”和提高消费者的相关意识。

早期证据显示，绿色政策对就业的影响是中性的或者有利的……

经常有看法认为，绿色政策会提高商品价格，从而威胁劳动需求和生活水平，但实际上绿色政策也有助于创造新的市场和释放整个地区和国家的发展潜力。同其他结构性变化一样，是否能够成功过渡到更为绿色的经济，在某种程度上取决于具体国家的特点，如将因过渡受到不利影响的行业的劳动密集程度、工作者技能同新岗位要求之间的匹配情况、技术普及速度以及旨在支持工作者和企业向更为绿色的经济转移的劳动市场政策的落实情况等。

绿色政策的拥护者坚定地表示，环保法规可以刺激生态创新以及对更为高效的生产技术的投资，从而对就业构成有利影响。目前，企业已经开始看到新兴的气候友好型市场的潜力（例如欧盟委员会，2005）。实证研究也仿佛证实了绿色政策对经济的不利影响可能是非常有限的。一些研究表明，在推出碳税政策后，并没有发生工作岗位损失和产出降低。其中的部分研究考虑了碳税收入的再分配方案，例如通过降低劳动成本的方式进行再分配等。另外，环境技术的发展对创造工作岗位也有积极作用。[1]

总体来说，多数研究都发现，环保政策对就业的净影响应该是中性的或者是轻度积极的。但是，这些政策的再分配效应还不是很清晰（见附录 B 关于该领域现行研究的概述）。

……本研究表明，即使没有技术变革，绿色政策在五年内也可以使就业增加 0.5%—1.1%……

绿色政策对劳动力市场的影响程度取决于如何使用通过对碳排放征税和定价所获得的额外资源。某些国家将通过此类政策创造的额外公共收入用于特定群体，目标是创造更多的就业机会和抵消行业调整所引发的工作岗位减少。设计合理的绿色政策可以实现双重红利，即既降低温室气体排放又增加就业。具体来说，政策制定者在使用此类额外资源方面拥有两个可选方案，可以支持（1）（低薪）就业或（2）具体的低碳行业。本章利用专为之开发的涵盖九个国家的模型，对上述两个可选方案对就业的影响进行了量化分析。在这个模型中，针对为碳排放设定价格的影响进行了建模。价格可能采取碳税或总量控制与交易制度的形式。虽然这两种制度是不同的，但本模型并没有进行细分。分析结果如下（详见附录 C）。

1　补贴具有重要作用，但需要谨慎施行。例如，为生物燃料提供支持有助于确保能源安全和农村就业（De la Torre 等，2009），但是由于生物燃料生产可能影响食品价格并需要占用土地和水，因此需要仔细地进行成本效益评估。

为了说明这两种政策可选方案对就业的影响，我们制定了一个基线情形。在这个基线情形中，通过碳税或可交易许可获得的收入不会用于其他用途。基线情形中，碳税或可交易许可会提高高碳密集型商品和服务的生产成本，通过影响高碳密集型行业的生产来激励资源向低碳密集型行业转移或采用低碳密集型技术。[1] 这个基线情形假设：（1）高碳密集型行业在五年内必须为每吨碳排放支付30欧元（例如以绿色税收的形式），这个收费方案接近于当前正在探讨的碳税水平，相当于高碳密集型行业的产出的2.5%；（2）通过这种措施获得的收入由政府全权保管（即这些收入不花在面向低碳密集型行业的减税、削减社会保险缴纳或其他措施上），因此政府的基本盈余会增加。但是在这个基线情形中，没有考虑这种盈余可能产生的宏观经济作用。其主要结果是总就业和行业就业在基线情形中都会表现为下降，这反映出这一政策仅仅对某些行业征税但没有推出任何补偿措施。需要重点指出的是，低碳密集型行业中的就业下降速度甚至要大于高碳密集型行业，其原因是调整流程滞后。

德国和瑞典所采取的方法是利用通过对高碳密集型行业征税（或通过出售污染权）获得的公共收入来削减社会保险缴纳，从而实现刺激就业。这种方案对就业的影响同前一段提到的方法具有很大差异。在本例中，高碳密集型行业仍然面临较高的生产成本。然而，在本情形下，对劳动需求的支持的积极作用超过了对就业的负面作用，因此，所有行业的就业情况都是上升的（表4.2，第二行）。在五年期内，OECD－9地区产生了超过170万个工作岗位。在以就业补贴的形式对收入进行再分配的情况下，低碳密集型行业的就业增长是高碳密集型行业的三倍。这可能是因为低碳密集型行业中的就业容量要高于高碳密集型行业。

另外，为了加强对降低温室气体排放的激励，政策制定者还需要考虑对低碳密集型行业进行补贴，可以依据工作岗位创造潜力来确定补贴对象。同前一个案例相比，补贴绿色行业可以对生产低碳密集型商品和服务构成直接的激励。表4.2（第三行）显示了此类刺激可以产生的成果。从就业的角度来说，补贴绿色行业可以产生最好的结果。低碳密集型行业的就业增长超过1.8%。高碳密集型行业虽然受到了绿色政策的负面影响，但就业也出现了0.5%的增长。出现这种局面的可能原因是，这两类行业在某种程度上具有互补性，低碳密集型行业的增长对高碳密集型行业具有积极的外溢效应。总体上，这九个国家共可产生390万个工作岗位。

1　本模拟模型假定高碳密集型行业为污染付费——原因是二氧化碳排放被征税或者污染者必须获得污染权。此类模拟同标准试验有一定的差别，在标准试验中，其他企业也必须为污染付费。换言之，在本章的模拟中，“维持最低水平”的碳无需付费即可排放。这种“维持最低水平”适用于除高碳密集型行业之外的所有行业。

表 4.2　九个国家的绿色政策对就业的预估影响

（实施政策后五年的就业的百分比变化）

	高碳密集型行业的就业	总就业
无补偿（基线情形）	-0.5	-0.5
附带就业补贴的绿色政策	0.3	0.5
附带行业补贴的就业政策	0.5	1.1

注：本表表现了①各政策可选方案可能产生的就业影响的刺激作用（基于矢量自回归模型），基于针对九个国家的（澳大利亚、法国、德国、匈牙利、日本、韩国、瑞典、英国和美国）的模型；②依据上述刺激作用对发达国家及整个世界做出的预测。见附录 C。

资料来源：国际劳工问题研究所估算数据。

……这表示，若与工作支持相结合，绿色政策有助于就业增长，在发达国家可创造 260 万个工作岗位，在全世界范围内可创造 1430 万个工作岗位。

依据这些结果推测，经济合作与发展组织国家和全世界分别可以产生 260 万个和 1430 万个工作岗位（图 4.2）。这个结果在二氧化碳减排以及就业增长上同其他三项大型实证研究的结果非常接近（表 4.3）。就业增长的主要原因是通过环保政策增加的资金被用于削减非工作劳动成本，从而为劳动力需求提供了支撑。更为根本的原因是，在绿色政策的作用下，相关价格向有利于支撑就业的方向改变。由于高碳密集型商品的价格升高，消费者在某种程度上会倾向于使用低碳密集型商品。与此类似，企业也会使用资本替代劳动。能源和资本经常被视为生产的两个互补性因素。能源价格的增长会机械地增加相对于劳动成本的资本成本。

图 4.2　设计合理的绿色政策将促进就业

（净就业变化，百万，五年内）

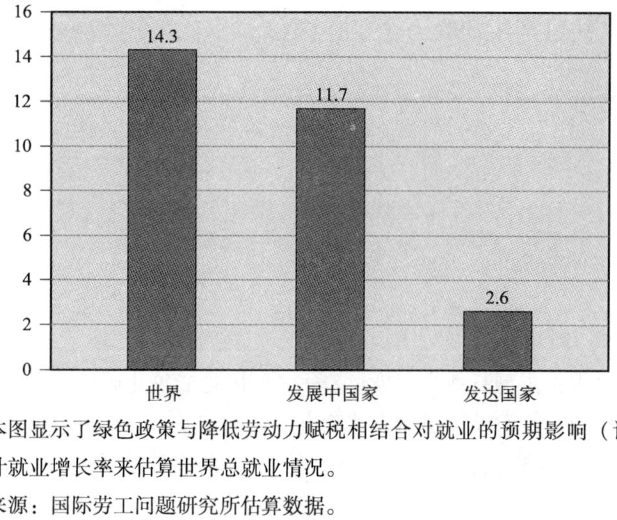

注：本图显示了绿色政策与降低劳动力赋税相结合对就业的预期影响（详见正文）。使用发达国家的估计就业增长率来估算世界总就业情况。

资料来源：国际劳工问题研究所估算数据。

表 4.3 附带就业补贴的绿色政策对就业的影响：不同研究得出的结果

	变化期（年）	就业增加（百分比）
IILS（九个发达国家）	5	0.5
HERMES（欧盟六国）	8	0.6
QUEST（欧盟）	20	1.3
PANTA RHEI（德国）	11	0.6

注：QUEST 模型研究了三个不同案例，依据是哪一个的经济手段所承受的税收负担更高。本表表现了对第三个案例的研究结果，在该案例中，家庭支付碳税并接受薪资节制。

资料来源：国际劳工问题研究所为 IILS 模型做出的估算；Bossier 等（1993）；Hayden（1999）；Bach 等（2002）。

在为本章进行的实证研究中，模拟九个国家的二氧化碳排放量降低 4.6%（表 4.3，IILS 条目）。在本情形中，受就业补贴的作用，国家和行业的就业增长总和为 1.1%。这个结果没有超出其他研究所得出的估算的范围（见专栏 4.2）。依据线性效应推算，我们得出的结果可以同其他三项研究的结果进行比较。我们的研究所得出的结果显示，二氧化碳排放量每下降 2%，就业就会增长 0.5%，低于 PANTA RHEI 模型得出的 0.6% 的结果。然而，我们的研究得出的就业影响要超过 HERMES 和 QUEST 模型，在我们的模型中，二氧化碳排放量降低 4.4% 可实现就业增长 1%，而在 HERMES 模型中，就业增长为 0.6%；在我们的模型中，二氧化碳排放量降低 8% 可实现就业将增长 1.9%，而 QUEST 模型则预测就业增长 1.3%。但是，由于不同研究所采用的方法和使用国家范围都是不同的，因此必须谨慎看待这一对比结果。

绿色政策引发的技术变化会引起较大的就业增长

最后一个可选方案是使用通过绿色税收获得的公共资金来支持和培育技术研究，尤其是推动绿色能源生产领域的科研。这些政策具有促进增长的潜力，其发挥作用的途径包括降低能源生产价格（因其与当前的能源技术相比具有显著的成本优势）等。实际上，基于非可再生能源的能源生产价格可能会以指数级速度上升（2008 年的油价飙升可能是未来价格增长潜力的第一个具体信号），而在未来，绿色能源的相对价格将会下降。Tylecote（1997）曾提出，碳税或总量控制与交易制度的实行将会反映非可再生能源的稀缺性价格。与此类似，撤销对化石燃料能源的补贴也将增加绿色科技研发的预期回报（经济合作与发展组织，2009）。

专栏4.2 绿色政策与低劳动税赋相结合对就业的影响：三项研究得出的结果

这三项基于经济模型的研究探讨了绿色政策对就业的影响，其结果同本章提出的观点接近。[1] 这三个模型都是需求驱动的，同时考虑到调整流程可能导致失业，各个模型均涵盖了多个行业，因此，对于研究由气候变化政策引起的行业间调整尤其有用。

HERMES 模型包括了八个行业，涵盖了欧盟地区（Bossier 等，1993），得出的重要结论是，在八年内，每通过税赋手段使二氧化碳排放量降低 4%，即可使就业增加 0.6%。这个结果是通过劳动力和资本之间的因素替代得出的。较高的能源价格（会增加资本相对于劳动力的成本）和较低的劳动税赋为劳动力需求提供了支撑。

QUEST 模型评估了 1990—2010 年间欧盟地区二氧化碳排放量降低 8% 对就业产生的影响（Hayden，1999）。QUEST 模型同 HERMES 模型具有一定的类似性，但是所覆盖的行业较少，且在生产函数中没有纳入能源因素。本模型对三个情形进行了评估，对象是承担因能源价格提高而产生的成本的各个行业。在第一个案例中，行业所承担的成本下降，对就业的影响是正面的，但是影响很小（+0.1%），同时 GDP 下降了 1%。因资本生产力较低而产生了产出收缩，并进一步导致了投资收缩。在第二个案例中，消费者的赋税负担下降，对就业的影响是正面的，就业增加 0.9%，主要是因为资本对劳动力的互换。第三个案例假设了一定程度的薪资节制，对就业的影响是最大的，就业增加 1.3%。在第二个案例中发生的薪资上升并没有对就业构成限制。

PANTA RHEI 模型（见 Bach 等，2002）涵盖了德国的 58 个行业，假定通过能源税获得的收入被用于降低劳动力成本，形式是降低社会养老金缴纳额。在 1999—2010 年间，二氧化碳排放量降低 2%，就业增加 0.55%。资本和劳动力之间的互换效应超过了 GDP 收缩的对就业的负面影响。

[1] 若需详细了解上述三个模型，请参阅经济合作与发展组织（2004a）。

目前，还有一些实证研究在评估此类效应的潜在影响力。GHK 的一项研究（GHK 与 CE 和 IEEP 联合实施，2007）发现，在欧盟 27 国中，用可再生能源技术发电的发电量在总发电量中所占的份额若达到 10%，即可促成产出和工作岗位的增加。这些新技术所要求的投入来源（行业）是产生这种正面影响的原因。但是，由于（私有）研发投资的盈利能力具有不确定性，因此达成全球化的共识是非常重要的。全球承诺方面的不确定性会严重压制研发投资。

结　论

本章经过论证认为，绿色政策带来的就业挑战实际上要小于对此类政策持批评意见的人士所主张的程度。实际上，在政策设计合理并且通过这些政策创收的收入能够被用于刺激经济的情况下，绿色经济甚至可以产生既降低温室气体排放又创造工作岗位的双重红利。其中，使用政策所创造的收入来刺激经济的理想方案是为低碳密集型行业提供补贴。本章采用新颖的方法估算了绿色政策对就业的影响，估算结果同其他研究得出的结果非常接近，但本章所覆盖的国家要多于其他研究。

绿色政策对改善就业具有很大的潜力，向更为绿色的经济转型会创造更多的工作机会，本章得出的估算结果可能仅仅是这种潜力的下限。实际上，本章在估算中没有考虑绿色政策可能引发的科技进步。随着科技的进步，绿色能源的价格将会低于化石燃料能源的价格，从而进一步强化绿色政策对就业的积极影响。从更为根本和深远的角度看，新技术可以催生新业务和新工作机会。若要评估绿色经济在刺激创新、新技术和工作岗位创造方面的潜力，还需要进行进一步的研究。

为了进一步了解各类绿色政策的社会效应，还需要进行更多的调查研究，尤其是需要更好地了解国际层面的绿色政策实施形势。本章中介绍的实证研究假定了一个前提，即相关绿色政策在研究所涉及的所有国家中同时得到落实，也就是说所有国家同时实施这些绿色政策，研究中并没有评估某一个国家孤立地实施绿色政策（无论是否抵消劳动税赋削减）所产生的影响。这是一个非常重要的议题。实际上，很多人都在担心，绿色政策会造成价格上升和竞争力下降，导致工作岗位被重新分配到那些没有执行严格的环境标准的国家。此类担忧是否现实以及孤立采取行动的国家是否能够实现就业增长，还需要进一步地分析。

另外，绿色政策的分配效应也需要进一步分析。在很多情况下，导致高碳密集型商品成本增加的碳税和能源税都具有回归性。总而言之，所有采用统一税率的消费税（如一般营业税等）都具有回归性，因为所实施的税率同商品购买者的收入特征无关。因此，高收入消费者和低收入消费者为具体商品所支付的绝对税额是相同的，从而在事实上造成高收入消费者相对赋税负担较低的情况。

另外，还需要更为详细地研究同碳税和总量控制与交易制度相关的各种支持和反对意见。本章并未详细探讨绿色政策为碳排放设定价格的机制。由于碳税和总量控制与交易制度可能对增长和就业产生不同的影响，因此需要进一步进行研究和探讨。

最后，现有的研究和证据仅仅粗略地表现了气候变化所产生的成本。世界各地的人民为适应世界气温升高及相关后果所要付出的成本可能存在极大的差异。依据现行的政策，若不采取强有力的措施，那么预计在未来的几十年内一定会产生某种程度的气候变化。因此，政策制定者们需要具备为这些成本进行估价的能力，从而可以明确地选择应该采取的方案。这一个议题也需要进一步地调查。

附录 A
估算高碳密集型行业的规模

使用德国的 1995 年投入—产出表中的数据来估算 71 个行业的碳浓度和就业情况。使用直接二氧化碳浓度（二氧化碳单位为千吨，产出单位为欧元）计量各行业的二氧化碳浓度。总二氧化碳浓度可以作为分类标准的替代标准。总二氧化碳浓度中纳入了用于生产流程的生产资料的二氧化碳浓度。[1] 为计算总浓度，需要使用里昂惕夫倒数来估算用于生产流程的生产资料的二氧化碳浓度，由于这种方法非常复杂，因此部分分析仅使用了直接二氧化碳浓度。表 4.4 显示了不同行业的直接和总二氧化碳浓度。

对 1995 年的分类和基于 2005 年数据的分类进行了对比，即使平均二氧化碳浓度下降（例如，直接浓度中值从每百万欧元 0.051 千吨二氧化碳降至每百万欧元 0.043 千吨），但行业排名基本保持不变。因此将 1995 年作为将各行业划分为高碳和低碳密集型分组的基准年。

在本章的实证分析中，“高碳密集型行业”是指二氧化碳排放高于其他行业的行业，包括表 4.4 中所有值大于 1 的行业。

分析结果如下。能源行业（电、热、气）的碳浓度最高，其次是金属、焦炭、木材和造纸等能源密集型制造行业。处于本表底部的是以服务为导向的行业，如电信、教育、房地产、金融和公共服务等，也包括诸如医疗、精密和光学仪器、电机和电器等制造行业。在上述服务行业中，空运行业属高碳密集型行业。需要重点指出的是，直接浓度同总浓度具有很大的差别，例如，从直接浓度上看，纺织行业的碳浓度相对较低，但是如果从总二氧化碳浓度上看，其碳浓度则相对较高。

最后需要指出的是，不同国家的相同行业的实际浓度数值可能有显著差别。其中部分是因为所使用的燃料组成不同，部分是因为所采用的技术不同。但是，由于我们仅进行二元分类，即仅划分低碳密集型和高碳密集型行业，因此不同的国家的行业排名估计大体相同。经济合作与发展组织近期所做的一项研究发现，各个国家依据二氧化碳浓度所做的行业排名情况是相同的（见经济合作与发展组织，2003）。因此可以认定，可以将对德国进行的行业划分应用于对其他国家的研究。

1　总二氧化碳浓度基于投入—产出表中的里昂惕夫倒数。

表 A 4.1　按照二氧化碳输出浓度进行的行业分类

行　业	二氧化碳输出浓度（相对于中值浓度的比率）	
	直接浓度	总浓度
农业	3.1	1.1
林业	4.5	1.0
渔业	2.0	1.1
采矿和采石	3.5	2.0
煤炭和褐煤开采；泥炭提取	3.7	2.5
原油和天然气提炼及服务	1.2	1.1
其他采矿和采石	6.7	2.2
食品和饮料	1.8	1.3
烟草	0.7	0.9
纺织	0.7	1.6
服装、毛皮加工和染色	0.2	1.0
皮革、皮制品和鞋类	0.3	1.0
木材及木制品和软木制品	1.0	1.2
纸浆和纸	3.5	4.2
出版印刷	0.7	0.9
出版	0.7	0.6
印刷和复制	0.7	1.2
焦炭、精炼石油和核燃料	16.5	4.5
化工产品和化学制品	3.0	2.2
制药	3.0	2.2
除药品之外的化学品制品	3.0	2.2
橡胶和塑料	0.7	1.2
其他非金属矿物	9.2	2.6
碱性金属	10.9	5.3
金属制品	1.0	1.6
机械	0.5	1.0
办公、会计和计算机械	0.2	0.6
电力机械和电器	0.5	0.9
电台、电视和通信设备	0.5	0.8
医疗、精密和光学仪器	0.5	0.7
汽车、拖车和半挂拖车	0.6	1.1
其他交通设备	0.7	1.3
制造；回收	1.0	1.2
制造	0.9	0.9
回收	4.5	1.5
电力和燃气	110.8	14.7
供电	110.8	14.9
供气	110.8	15.0
供水	0.6	1.6
建筑	0.9	0.9
汽车和摩托车销售、保养和修理；燃料零售	1.1	0.5
除汽车和摩托车之外的批发贸易和经纪贸易	1.6	0.5
除汽车和摩托车之外的零售贸易；家用商品修理	1.8	0.6
酒店和餐馆	1.1	0.8
其他内陆运输	5.9	2.3
其他水上运输	2.6	1.0
其他空中运输	17.0	3.1
其他支持性和辅助性交通活动；旅行社活动	2.4	1.0
邮递和电信	0.4	0.3
除保险和养老金基金之外的金融中介	0.3	0.2
除强制性社会保险之外的保险和养老金基金	0.3	0.3
同金融中介相关的活动	0.2	0.2
房地产活动	0.0	0.1
机械和设备租赁	0.2	0.1
计算机及相关活动	0.4	0.2
研究和开发	0.8	0.6
其他商业活动	0.4	0.2
行政与国防；强制性社会保险	1.4	0.4
教育	0.8	0.4
医疗和社会服务	1.0	0.5
废水和垃圾处理、卫生及类似活动	1.1	0.4
会员组织活动	1.0	0.3
娱乐、文化和体育活动	0.5	0.3
其他服务性活动	0.4	0.3
雇用人员的私人家庭	0.0	0.0

注：比率大于 1 表示该行业碳浓度相对较高。

资料来源：国际劳工问题研究所基于投入—产出表得出的估算数据。

附录 B
绿色政策分配效应实证结果节选

德国
（Bork，2006）

对电力、燃气或民用燃料油征税具有回归效应。削减社会保险缴纳放大了这种负面效应，因为这种削减多数情况下是对中上收入阶层有利的。

印度尼西亚
（Yusuf，2008）

碳税的分配效应在农村地区取得了进展，在城镇地区表现中性或轻微进展（可计算一般均衡模型）。降低交通燃料补贴具有进步效应。

爱尔兰
（Scott 和 Eakins，2001）

对燃料施加的碳税具有回归效应（分析依据为不同收入水平家庭的燃料购买情况）。

美国
（Sutherland，2006）

能源效率标准和能源效率投资补贴都表现出回归效应。

（Grainger 和 Kolstad，2009）

碳价格，因为不同收入团体之间的消费差异而表现出回归效应（投入—产出方法）。低收入家庭的消费中污染商品所在的比例较大。

（Burtraw 等，2009）

通过分配总量控制和交易制度产生的收入，可以实现进步的分配成果，但取决于所采用的补偿政策（电力行业模型）。

多个国家
（经济合作与发展组织，2004b）

研究显示，碳税在两个国家表现为回归，在其他国家则表现较为激进（文献评审）。

附录 C

评估九个国家中绿色政策对就业的影响：矢量自回归方法

在进行实证实验时，使用了矢量自回归（VAR）方法。VAR 是一种可以用于分析多变量时序数据的统计方法，可以根据多个变量的共同历史描述其动态变化。VAR 中的所有变量都作为内生变量处理，通过 VAR，可以对没有任何理论先验的数据进行分析：单纯地依据这些数据中所包含的特征来研究绿色政策影响。

VAR 模型的组成为：高碳密集型产出（*Out*hi, t）、低碳密集型产出（*Out*lo, t）、两个行业的就业（*Emp*hi, t 和 *Emp*low, t）。VAR 中的所有变量都以年增长率的形式表现（即以对数差的形式表示），并集合于矢量 *yt* 中，计算公式为：

$$y_t=\begin{pmatrix} out_{hi,t} \\ out_{lo,t} \\ emp_{hi,t} \\ emp_{lo,t} \end{pmatrix}=\begin{pmatrix} \ln\ (Out_{hi,t})\ -\ln\ (Out_{hi,t-1}) \\ \ln\ (Out_{lo,t})\ -\ln\ (Out_{lo,t-1}) \\ \ln\ (Emp_{hi,t})\ -\ln\ (Emp_{hi,t-1}) \\ \ln\ (Emp_{lo,t})\ -\ln\ (Emp_{lo,t-1}) \end{pmatrix}$$

一阶 VAR 显示如下：

$$y_t=c+Ay_{t-1}+\varepsilon_t$$

y_{t-1}是四个变量各自在前一个时期的增长率，c 是一个常量，矩阵 A 中包含可以借助收集到的数据估算的系数。ε_t 表示外生随机冲量的矢量，外生冲量对 y_t 也有影响。这个方程式可以用于研究各变量在过去各时期的增长率对各变量在当前时期的增长率的统计性影响。由于数据有限，最高只能估算一阶 VAR。但是，对于年度数据，一阶 VAR 应足以估算出大体的就业—产出动态。

为了研究各变量间的动态依赖和了解政策措施的结果，使用估算的模型进行了脉冲响应分析，脉冲响应函数通常用于显示内生变量如何对外部影响做出反应。在 VAR 模型中，所有变量都是内生的，仅有的外部输入就是扰动，扰动会发展成预测误差的前体。VAR 的特性（所有变量都是内生的）表明，误差只会通过冲量产生。扰动是“创新”或“意外”，如“政策冲量”等，是无法使用模型或者过去的数据解释的。

研究院的网站 www. ilo. org/inst 对 VAR 及响应函数的重要属性进行了详细介绍（见本报告的背景材料）。

参考文献

Bach, S.; Kohlhaasa, M.; Meyer, B.; Praetoriusa, B.; Welsch, H. 2002. The effects of environmental fiscal reform in Germany: A simulation study. Energy Policy 30. 803-811.

Bork, C. 2006. "Distributional effects of the ecological tax reform in Germany: An evaluation with a microsimulation model", in Y. Serret; N. Johnstone (eds): *The distributional effects of environmental policy* (OECD, Chelthengam).

Bossier, F. et al. 1993. *Un redéploiment fiscal au service de l'emploi en Europe* (Paris, Bureau du Plan).

Burtraw, D.; Sweeney, R.; Walls, M. 2009. *The incidence of U.S. climate policy: Alternative uses of revenues from a cap-and-trade auction* (Washington, Resources for the Future), unpublished document.

Climate Analysis Indicators Tool Version 6.0 (CAIT). 2009. (Washington, DC, World Resources Institute).

De la Torre, A.; Fajnzylber, P.; Nash, J. 2009. *Low carbon, high growth: Latin American responses to climate change: An overview* (Washington, DC, The International Bank for Reconstruction and Development / The World Bank).

European Commission. 2005. *On the links between employment policies and environment policies* (Brussels, Commission of the European Communities).

GHK in association with Cambridge Econometrics (CE) and Institute of European Environmental Policy (IEEP). 2007. *Links between the environment, economy and jobs* (London, GHK Consulting).

Grainger, C.A.; Kolstad, C.D. 2009. *Who pays a price on carbon?* (Cambridge, NBER). Working Paper 15239.

Hayden, M. 1999. *Issues in ecological tax reform*, paper presented at the June 1999 EnvEco Meeting, European Commission, DG II, Brussels, May.

Intergovernmental Panel on Climate Change (IPCC). 2007a. "Policies, instruments and co-operative arrangements", in S. Gupta et al.: *Climate change 2007: Mitigation. Contribution of Working Group III to the Fourth Assessment Report of the Intergovernmental Panel on Climate Change* (Cambridge, Cambridge University Press).

Mankiw, N.G. 2007. "One answer to global warming: A new tax", in *The New York Times* September 16.

Nell, E.; Semmler, W.; Rezai, A. 2009. *Economic Growth and Climate Change: Cap-And-Trade or Emission Tax?* SCEPA working paper. New York.

Nordhaus, W. 2008. *A question of balance: Weighing the options on global warming policies* (Yale University Press, US).

Organisation for Economic Co-operation and Development (OECD). 2003. *Carbon dioxide embodied in international trade of goods*, STI working paper. (Paris).

—. 2004a. *Environment and employment: An assessment.*(Paris).

—. 2004b. *Environmental and distributional issues: Analysis, evidence and policy implications* (Paris).

—. 2009. *The economics of climate change mitigation: Policies and options for global action beyond 2012* (Paris).

Pew Center on Global Climate Change. 2009. *Cap and trade v taxes*, Climate Policy Memo #1, Arlington.

Scott, S.; Eakins, J. 2001. *Carbon taxes: Which households gain or lose?* (Johnstown Castle, Co. Wexford, Ireland, Environmental Protection Agency).

Sutherland, R.J. 2006. "The distributive effects of direct regulation: A case study of energy efficiency appliance standards", in Y. Serret; N. Johnstone (eds): The *Distributional effects of environmental policy* (Chelthengam, OECD).

Torres, R. 2008. "The social impact of policies to address climate change: A review of the issues", in *International Labour Review*, Vol. 147, No. 2–3.

Tylecote, A. 1997. "Ecology, Technology and the Next Long Wave Upswing", in A. Tylecote; J. van der Straaten (eds): *Environment, technology and economic growth* (Cheltenham, Edward Elgar Publishing Limited).

United Nations Environment Programme/ International Labour Organization/ International Organisation of Employers/ International Trade Union Confederation. 2008. *Green jobs: Towards decent work in a sustainable, low-carbon world.*(Nairobi, United Nations Office).

Uzawa, H. 2003. *Economic theory and global warming* (Cambridge, Cambridge University Press).

Yusuf, A.A. 2008. *Distributional impact of environmental policies: the case of carbon tax and energy pricing reform in Indonesia* (Singapore, Center for Economics and Development Studies).